ARSENAL DE UMBANDA

Evandro Mendonça

ARSENAL DE UMBANDA

© 2014, Editora Anúbis

Revisão:
Flávia Venézio
Lâmia Brito

Diagramação e capa:
Edinei Gonçalves

Dados Internacionais de Catalogação na Publicação (CIP)
(Câmara Brasileira do Livro, SP, Brasil)

Mendonça, Evandro
  Arsenal de Umbanda / Evandro Mendonça. – São Paulo,
SP: Anúbis, 2012.

Bibliografia
ISBN 978-85-98647-03-6

  1. Umbanda (Culto) 2. Umbanda (Culto) - Rituais
I. Título.

12-06085   CDD-299.60981

Índices para catálogo sistemático:
1. Umbanda : Rituais : Religiões
     afro-brasileiras 299.60981

São Paulo/SP – República Federativa do Brasil
Printed in Brazil – Impresso no Brasil

Este livro segue as novas regras do Acordo Ortográfico da Língua Portuguesa.

Os direitos de reprodução desta obra pertencem à Editora Anúbis. Portanto, não é permitida a reprodução total ou parcial desta obra, de qualquer forma ou por qualquer meio eletrônico, mecânico, inclusive por meio de processos xerográficos, incluindo ainda o uso da internet, sem a permissão expressa por escrito da Editora (Lei nº 9.610, de 19.2.98).

Distribuição exclusiva
Aquaroli Books
Rua Curupá, 801 – Vila Formosa – São Paulo/SP
CEP 03355-010 – Tel.: (11) 2673-3599
atendimento@aquarolibooks.com.br

Dedicatória

Esta obra é dedicada a todos os meus irmãos umbandistas que estão na religião de Umbanda pela Umbanda.

Créditos

Agradeço, em especial, a todos os escritores de livros de Umbanda e sua Linha de Esquerda, dos mais antigos aos mais novos aos quais foram feitas essas compilações, comparações e estudos de diferentes tipos de materiais e dados utilizados na religião de Umbanda em diferentes cidades e estados. A esses eu repasso todo o crédito desse belíssimo trabalho.

E, ao leitor, meu sincero carinho.

Prefácio

Quando Pai Evandro pediu-me para que a minha entidade de Umbanda, o Senhor Ogum Sete Espadas, fizesse o prefácio do livro "Arsenal de Umbanda" por meio da minha mediunidade, fiquei muito feliz e ao mesmo tempo com um pouco de medo em virtude da grande responsabilidade que seria prefaciar um livro sobre a tão grande e querida Umbanda. Mas como são mais de 20 anos de trabalho mediúnico dedicados a ela e confiando na minha entidade, aceitei o convite colocando-me à disposição do senhor Ogum Sete Espadas para trazer suas palavras. Marquei o dia, preparei-me para o trabalho e minha filha Victória serviu de escriba para as palavras do senhor Ogum Sete Espadas, que transcrevo abaixo.

Saravá a todos os irmãos da corrente de Umbanda e sua Linha de Esquerda, saravá ao senhor Ogum da Lua, irmão e companheiro de várias batalhas, e ao seu médium autor desta belíssima obra, juntamente com suas outras entidades. Desde já agradeço a confiança a mim depositada para fazer as palavras iniciais do presente livro.

Na Umbanda, hoje em dia, muito se fala em física quântica, cosmogênese e tantos outros assuntos intrincados. Não estou dizendo que não são importantes e que a religião de Umbanda não deve evoluir, pelo contrário, entendemos que ainda existem milhões de pessoas que vivem à margem da sociedade, muitas em condições subumanas. Essa religião, em sua essência, visa resgatar e ensinar estas pessoas, mostrando-lhes como construir um mundo melhor. Como muitos já sabem, a Umbanda é a sabedoria do Preto-Velho, a energia do caboclo, a alegria da criança, sem esquecer nossos amigos da esquerda, os Exus e Pombas-Giras. Muitos espíritas e espiritualistas que se dizem sábios, rejeitam as manifestações dos caboclos, Pretos-Velhos e outras entidades de Umbanda em suas mesas ou sessões, considerando-nos espíritos atrasados. Somos humildes, mas não ignorantes e jamais atrasados, não precisamos de títulos, que são elementos de vaidade humana, para incorporarmos em nossos cavalos ou matéria (como chamamos nossos médiuns) e para trazermos mensagens de paz e amor ao mundo carnal.

Não precisamos dizer que nossos Pretos-Velhos foram grandes filósofos, pensadores, sacerdotes e outros sábios da antiguidade e nem que nossos caboclos foram grandes soldados, líderes, comandantes de nações e chefes de tribos do passado. Nossa afirmação é dada pelo amor, afeto, palavra amiga, palavra de confiança, de motivação às pessoas que nos procuram nos terreiros de Umbanda, pois é isto que elas mais precisam neste mundo conturbado. Esta é a maneira que encontramos de chegar mais perto destas pessoas, usando uma linguagem simples e muitas vezes ingênua, mas que afeta diretamente a alma destas pessoas, trazendo-lhes harmonia, tranquilidade, equilíbrio

e energia para seguirem em frente na sua jornada diária e construir um mundo melhor para ela e sua família.

Umbanda é luz nas trevas da ignorância;
Umbanda é lei onde houver desordem;
Umbanda é amor onde houver desunião;
Umbanda é sabedoria onde houver intolerância;
Umbanda é vida onde houver tentativa de tirá-la;
Umbanda é serenidade onde houver impaciência;
Umbanda é Um (unidade) Banda (grupo de pessoas), ou seja, pessoas unidas em mesmo fim, que é o aperfeiçoamento e a evolução do ser humano;
Umbanda é o pulsar dos cosmos;
Umbanda é o próprio ciclo da vida (criança, caboclo, Preto-Velho etc.);
Umbanda é a pureza da criança, sincera e verdadeira;
É a energia vital do caboclo que move o ser humano em busca de um lugar ao sol; por isso os caboclos mostram-se eretos, firmes nas suas palavras; pois assim devem ser os filhos da terra em busca do aperfeiçoamento, de um trabalho ideal; de um amor; de uma família;
É a sabedoria, calma e paciência do Preto-Velho, pois ele já passou pelos ciclos iniciais. Sabem dizer palavras de resignação, de amor, de paciência, de consolo e conforto, pois somente assim os filhos, que estão nesta incessante busca, saberão como suportar as intempéries da caminhada.

Umbanda também é Exu e Pomba-Gira, elemento cósmico ativo que move o ser humano; os "compadres e comadres", como costumam ser chamados, fazem muitas vezes a ligação entre o material e o espiritual. Eles são os guardiões e ajudam as pessoas a passarem pelas "encruzilhadas" da vida, que são os caminhos que as pessoas devem passar para evoluírem e atingirem a maturidade espiritual.

Dadas as minhas palavras iniciais, agora vou falar um pouco sobre livro "Arsenal de Umbanda". E para que os filhos da terra

saibam quando um livro de Umbanda é escrito, ditado e até mesmo inspirado por entidades espirituais, uma cópia dele é plasmada no plano espiritual.

O livro "Arsenal de Umbanda" e outros livros inspirados por médium Evandro Mendonça e seus mentores visa resgatar a religião no seu princípio básico, que é ligar o homem aos planos superiores. Atos saudáveis como o de acender uma vela ao santo de sua devoção, tomar um banho de descarga, levar um patuá para um Preto-Velho, e benzer-se, estão sendo esquecidos nos dias de hoje, pois enquanto uns querem ensinar assuntos complexos, outros só querem saber de festas e notoriedade. Atos como chegar em frente a um congá, saudar um caboclo, acender a vela certa, tomar um banho de descarga com as ervas corretas para uma finalidade, o porquê de determinados utensílios e qual a sua finalidade e tantas outras informações sobre os procedimentos utilizados nos terreiros de Umbanda são mostrados com propriedade neste livro. É disso que as pessoas menos favorecidas nesse plano precisam; nada de coisas complicadas, mas de coisas simples e fáceis de serem aplicadas no seu dia a dia. Assim, estarão traçando seus caminhos, firmes e fortes dentro da religião de Umbanda, evoluindo gradativamente conforme suas buscas, sem atropelos de magias, rituais, trabalhos e ensinamentos com palavras que muitos nem sabem o seu significado.

Portanto, filhos de Umbanda e simpatizantes, unam-se, troquem conhecimentos, conversem com seus mentores e irmãos, hajam com amor, fé e fraternidade, que assim vocês terão um mundo melhor e mais fácil de conviver. A Terra é um planeta em transição, portanto, ninguém é perfeito e o aprimoramento do espírito é o que mais buscamos.

Umbanda é isso: sabedoria, religião, ciência, luz emanada do alto, amor incondicional, crença na Divindade Maior. Umbanda é a própria vida.

Essas são minhas palavras aos meus irmãos leitores desta obra, fiquem com o Arsenal de Umbanda e a proteção de Ogum Sete Espadas.
Os clarins estão tocando e está na hora da minha ronda;
Até breve;
Ogum Sete Espadas.

Médium Claudio Doyle.
Setembro de 2011

Introdução

Aos Irmãos, simpatizantes, leigos, iniciantes ou médiuns da religião de Umbanda e sua Linha de Esquerda.

Desde a data 15 de novembro 1908, considerada pelos umbandistas a sua fundação em solo brasileiro, há na religião de Umbanda muitas divergências na sua origem, como o cultuar, os materiais, usar ou não tambor, e outras divergências muitas vezes dos seus próprios médiuns, principalmente em relação à data de fundação, por dizeres de que essa religião já existia anteriormente.

Como muitos sabem, nos estados brasileiros há diversos terreiros de Umbanda pura e também aqueles que se dizem cruzados, cultuando a religião de Umbanda de diferentes formas e maneiras, e usando diferentes materiais nos seus trabalhos ou rituais. Muitas vezes esses materiais são diferentes apenas no nome, em razão do estado em que está localizado o terreiro. Como a Umbanda ainda não tem uma codificação dos seus trabalhos, rituais e materiais utilizados nos seus terreiros, tomamos a liberdade de fazer uma coletânea de nomes, materiais, símbolos, instrumentos, significados e utilização de seus terreiros.

Em virtude da força da Umbanda ser muito grande e dividida em várias linhas, por exemplo, Umbanda Pura, Umbanda Branca, Umbanda Cruzada, Umbanda Esotérica, Umbanda Espírita, Umbanda Oriental, Umbanda Kardecista etc., ela é praticada em várias cidades, capitais, estados e até mesmo em diferentes países, por isso não temos como citar a imensidão de todos os materiais e rituais utilizados em suas práticas, inclusive por falta de conhecimento de muitos que são praticados dentro dos terreiros de Umbanda e sua Linha de Esquerda. Portanto, esses são apenas tradições mais gerais, aplicadas no dia a dia dentro da maioria dos terreiros de Umbanda.

Quero deixar claro a todos os irmãos Umbandistas que nessa coletânea estamos expondo nomes, materiais e instrumentos usados não só nos terreiros de Umbanda Pura, como também nos terreiros de Umbanda Cruzada. Com a melhor das intenções esperamos, com esse trabalho, colaborar com o acervo da Umbanda para que futuros médiuns possam usufruir do mesmo. A religião de Umbanda está crescendo em disparada em todas as nossas cidades, estados e até mesmo fora do Brasil.

Baseado nesse acontecimento, cremos na necessidade de mostrar um pouco mais sobre os materiais usados nos terreiros de Umbanda, principalmente para esses novos terreiros que estão abrindo.

Como já disse anteriormente, há muitas diferenças nos nomes, rituais, magias, oferendas e trabalhos realizados dentro dos terreiros da religião. Por isso, tentaremos mostrar nesta obra. Como são chamados alguns dos diferentes nomes que tem o mesmo significado dentro da Umbanda. Mas se houver, por parte de algum irmão mais

intelectualizado sobre a religião de Umbanda, divergência sobre algum nome, material, instrumento, significado ou utilização do mesmo, além dos que não foram citados, peço que me perdoe. Pois entre um aluno e um professor sempre haverá diferenças, e enquanto eu estiver encarnado nesse plano, vou me considerar sempre um aluno em todos os sentidos, e direcionar tudo o que aprendi aos irmãos que também se consideram alunos.

Não me considero o dono da verdade, e encontramo-nos em estados com diferentes culturas. Volto a repetir, como todos os irmãos sabem, a Umbanda ainda não possui uma codificação, e enquanto isso não acontecer, temos que ajudar uns aos outros, mesmo com erros e acertos. Só assim conseguiremos levantar ainda mais o nome da religião para podermos dizer que somos irmãos e verdadeiros Umbandistas.

Vamos dar um basta ao orgulho, egoísmo e ambição. Vamos nos reconciliar por dentro, com nossos irmãos, com a nossa cidade, país, com o mundo, porque no fim de tudo veremos que somos todos aprendizes da vida, da fé e das religiões.

A Religião de Umbanda, uma Entidade de Umbanda, um ponto riscado, uma erva, uma oferenda, não é e não pode ser exclusividade de ninguém, isso tudo pertence a quem praticar. Então, meus irmãos, em vez de criticar os humildes trabalhos dos outros irmãos, vamos nos unir e fazer como os espíritos, guias e protetores de Umbanda fazem na Aruanda. "Com aqueles que sabem mais vamos aprender, e com aqueles que sabem menos vamos ensinar." Assim, juntos aprenderemos e ensinaremos sem críticas ou preconceito algum.

Vamos compartilhar conceitos e dividir experiências do dia a dia em nossos terreiros de Umbanda, afinal de contas, um só médium e uma só entidade não pode saber tudo. Essas divergências ou diferentes formas de se cultuar a Umbanda dentro dos terreiros devem nos unir e não nos separar, pois como todos sabem quando chega a noite a lua

aparece e brilha para todos os terreiros, e quando chega o dia, o sol também aparece e brilha para todos os terreiros de Umbanda sem distinção alguma, nem de quem sabe mais ou nem de quem sabe menos.

O umbandista que não presta à caridade, não ajuda os seus irmãos e as outras pessoas até mesmo com uma palavra, não divide seus conhecimentos e experiências, não se preocupa com os menos informados e favorecidos, não ensina e não se interessa pelo futuro da religião, não tem o direito de pedir alguma coisa aos Orixás, Guias e Protetores de Umbanda, e, será que estes têm obrigação de atender os seus pedidos? Pense nisso!

Que Oxalá nos abençoe com paz, saúde, felicidade, prosperidade, e que o povo da Esquerda nos guie e nos indique a direção certa, abrindo todos os nossos caminhos materiais e espirituais para que, quando deixarmos essa vida, possamos fazê-lo com a certeza de vitórias e conquistas para vidas futuras.

Espero mais uma vez estar, com humildade e sem pretensão alguma a não ser ajudar, colaborando com umbandistas, principalmente com os iniciantes na religião.

Acreditamos e aceitamos que a Umbanda e seus médiuns têm que evoluir. Jamais devemos deixar de ser uma religião com características e preceitos que atinjam todos os espíritos encarnados e desencarnados e todas as camadas, principalmente as mais simples e populares, caso contrário, não é Umbanda.

Certo guru ensinou para um discípulo, que se sentia deprimido frente às dificuldades da existência:

"Deves ver-te como de fato és: um espírito em roupagem terrena.
A verdadeira pessoa, o "Eu" que és, não é esse teu corpo,
como eu não sou este meu corpo – coisas frágeis e sofredoras.
Somos espíritos imortais e divinos. Fortes e indestrutíveis.

Sempre tendentes a melhorar, a aperfeiçoar, a apurar nossas qualidades.

Estamos nesse momento em missão aqui na terra, que não sabemos qual seja, mas que fatalmente será para o nosso bem."

Boa Leitura

UMBANDA

Artigo 5, Inciso VI da Constituição Federal

É o artigo da Constituição Brasileira que garante o livre direito de expressão religiosa, ou seja, assegura a liberdade de culto ou prática de qualquer religião.

Porém, o médium que quiser abrir um terreiro de Umbanda e evitar qualquer tipo de problema, deve procurar um órgão ou federação Umbandista para se registrar e adquirir seu registro, certificado, alvará e carteiras. De posse desses documentos, deverá também se adequar a certas normas e regras exigidas pela entidade que forneceu os documentos e registro, entre elas: trabalhar como entidade beneficente efetuando trabalhos, sessões, giras e homenagens as entidades de Umbanda; respeitar os direitos, deveres e obrigações dos participantes, colaboradores e frequentadores do terreiro; escolher dias e horários favoráveis ao local onde funcionará o terreiro, para efetuar seus trabalhos, evitando assim o desconforto de pessoas leigas residentes próximas ao terreiro; respeitar os preceitos da religião e utilizá-la somente com fins beneficentes.

Umbanda

É uma religião que tem como doutrina principal a evolução e o aperfeiçoamento dos espíritos encarnados e desencarnados, de qualquer plano, classe, ordem ou cultura, fazendo com que o mesmo se encontre. Uma religião que busca praticar o bem, visando sempre a caridade. Embora muitos escritores tentem provar a origem da palavra Umbanda, até hoje ela tem sua origem desconhecida. Foi pronunciada pela primeira vez em 15 de novembro de 1908 pelo Caboclo Sete Encruzilhadas, através do seu médium Zélio de Moraes, que afirmou: "Nós aprenderemos com aqueles espíritos que souberem mais e

ensinaremos aqueles que souberem menos e a nenhum viraremos as costas nem diremos não, pois esta é a vontade do Pai". Depois dessa data a religião de Umbanda começou a se alastrar pelas cidades, capitais e estados brasileiros adquirindo milhares de fiéis. A Umbanda é uma religião que crê em um ser supremo, o Deus único criador de todas as coisas e religiões monoteístas.

Divergências na Umbanda

Embora a Umbanda seja muito antiga no astral, como afirmam muitos escritores, no plano terra ainda é uma religião nova que está tentando se adaptar da melhor forma possível entre os seres humanos encarnados e desencarnados. Por isso as diferenças nos seus cultos e mudanças que estão acontecendo e que ainda vão acontecer dentro dos seus terreiros.

O intuito de alguns médiuns e de algumas entidades mais evoluídas é tentar deixar a religião de Umbanda e sua Linha de Esquerda um pouco mais uniforme, ou seja, falando a mesma língua, para que assim possa ganhar mais força perante a sociedade brasileira.

Algumas Leis da Umbanda:

- Ser regida pela lei da fraternidade universal, onde todos os seres são irmãos por terem a mesma origem.
- Ter identidade própria e não se confundir com outras religiões, apenas partilhar alguns princípios com muitas delas.
- Ter como propósito maior de todos os seres criados, a evolução e o progresso rumo à luz divina.
- Visar o bem, a caridade e a evolução material e espiritual de todos os espíritos.

- Não violar, ferir, enganar, dissimular, injuriar ou furtar o próximo.
- Não compadecer-se das misérias do próximo.
- Não desejar mal ao próximo, tão pouco os bens alheios.
- Não fazer despachos nas encruzilhadas, próximo de residências.
- Não sujar ou danificar a natureza.
- Não fazer, em hipótese alguma, trabalhos para o mal.
- Não ter no coração sentimentos de superioridade.
- Não fazer justiça com suas próprias mãos segundo seus critérios.
- Não ser um ditador, e sim um orientador.
- Ter confiança nas suas entidades, guias ou protetores.
- Amar a Deus, entidades, guias, protetores e ao próximo como a ti mesmo.
- Ser humilde, caridoso e misericordioso com seus irmãos.
- Não fazer ao próximo aquilo que você não quer que façam a você.
- Socorrer o próximo pela Umbanda e para a Umbanda.
- Não julgar e não criticar o que não entendes.
- Cumprir com sua missão mediúnica mesmo com sacrifícios.
- Ser simples, honesto e caridoso com seus irmãos.
- Ter fé, confiança e convicção daquilo que se deseja.
- Não matar, roubar ou cometer o adultério.
- Amar os Orixás, guias e protetores sobre todas as coisas.
- Não invocar o nome dos Orixás, guias e protetores em vão.
- Cumprir anualmente com suas obrigações de cruzamento ou reforço.

Linha de Esquerda da Umbanda

Esta palavra tem o mesmo significado que Quimbanda. Em virtude da desinformação de certas pessoas e a má associação ao mal que fizeram a esse nome, hoje a maioria das entidades que trabalham na

Umbanda, babalorixás, caciques, chefes de terreiro e médiuns usam e induzem a usar o nome Linha de Esquerda da Umbanda em vez de Quimbanda. Também é uma forma pela qual é chamada a Linha que trabalham as entidades, Exus e Pombas-Giras dentro do ritual dessa religião.

Apometria

É uma técnica de desdobramento espiritual operado pelo comando da mente. Apesar de se valer de princípios comuns a diversas doutrinas espíritas e espiritualistas, não é uma doutrina, filosofia e nem religião. É uma técnica, processo ou prática anímico-mediúnica que veio para se afirmar como um instrumento de caridade nas religiões espíritas e espiritualistas com a finalidade de ajudar na cura das enfermidades da alma e do corpo físico. Suas técnicas foram mostradas primeiramente pelo senhor Luis J. Rodrigues, que chamou de Hipnometria. Após longos anos de estudos foi aperfeiçoada pelo senhor José Lacerda de Azevedo, chamando-a de Apometria, e, em seguida, pelo senhor Vitor Ronaldo Costa e outros.

Atualmente, é uma técnica bastante usada em muitos centros espíritas e terreiros de Umbanda com muito sucesso, principalmente em tratamentos de obsessões, depressões, psicopatias e enfermidades psicossomáticas diversas.

O termo Apometria é composto das palavras gregas *apo,* que significa "além de", e **metron,** "medida". Designa o desdobramento espiritual ou bilocação, bastante estudado por diversos autores clássicos, dentre eles Bozzano. O desdobramento resume-se, em essência, na separação do corpo astral (e/ou mental) do corpo físico.

Pano de costa, toalha de pescoço

Tem várias finalidades, entre elas, a de envolver as guias do médium, para bater cabeça no congá, para secar o suor da entidade incorporada no médium. É usada sobre os ombros dos chefes de terreiros, na maioria das vezes.

Pano de cabeça

É usado pelos médiuns no dia de cruzamento ou reforço e nos dias de obrigações no terreiro com a finalidade de proteger a cabeça do médium. Pode ser branco ou na cor da entidade responsável pelo médium. A maioria dos médiuns homens costuma trocar esse pano por um gorro branco chamado fez ou filá, que também pode ser na cor da entidade responsável pelo médium.

Toalha de batismo

Toalha pequena e branca usada somente no ritual de batismo da criança ou adulto.

Vela de batismo

É um tipo de vela branca comprida, com mais ou menos trinta centímetros, simples ou decorada, usada no ritual de batismo de crianças ou adultos.

Corrente de aço

Pode servir como guia e segurança do médium, além de ser usada em vários trabalhos, rituais e assentamentos de esquerda.

Fita mimosa ou bebê

Muito usadas em trabalhos de desamarração e também em trabalhos de segurança para saúde de pessoas adultas, crianças e mulheres grávidas. As sete cores juntas, (branca, vermelha, verde, azul, amarela, marrom, rosa), representam as sete linhas da Umbanda.

Patuás, amuletos, talismã

É uma espécie de breve usado pelas pessoas ou médiuns, para atrair sorte e afastar o mal. Ensinados, na maioria das vezes, pelos Pretos-Velhos e Africanos às pessoas que ficam muito expostas às influencias e energias negativas no seu dia a dia, principalmente no seu trabalho.

Pimenta da costa e outras

São usadas em vários rituais e trabalhos que nem sempre são direcionados para o mal de alguma pessoa. Por causa do seu grande poder vibratório, é usada frequentemente para ativar trabalhos, magias e os assentamentos da Linha de Esquerda.

Azougue

Tem o poder vibratório igual ou pior que a pimenta da costa e outras, e assim como as pimentas, usa-se em diversos tipos de trabalhos, rituais ou magias. Deve ser feito sempre sob a supervisão de alguém com bastante conhecimento no assunto.

Bacia esmaltada ou alouçada

É usada para fazer batizados nas crianças e adultos, em todos os tipos de cruzamentos e reforços nos médiuns do terreiro de Umbanda.

Defumador de barro ou metal, turíbulo

Tipos de vasilhas usadas com brasa, para fazer defumações nos terreiros, casas residenciais, comerciais e pessoas.

Terrina de barro, louça ou vidro

Espécie de pote de barro ou louça com tampa, chamado também de abafador, usado para fazer trabalhos, principalmente abafamentos de pessoas que são consideradas inimigas.

Bandeja de papelão ou papel

Tipo de vasilha utilizada para colocar oferendas e trabalhos que serão arriados no congá ou assentamento e depois despachados nos pontos de força das entidades. Pode também, após ser velado no congá ou no assentamento da Linha de Esquerda por no mínimo três dias, ser enterrado no pátio (terreno) ou no próprio ponto de força da entidade, (mato, praia, encruzilhada, pedreira etc.) sem problema algum.

Cabaça, porongo

Possui várias finalidades dentro da religião de Umbanda, dentre elas a de fazer chocalho, vasilhas para bebidas, trabalhos, rituais e oferendas.

Sabonete de descarga

Sabonete feito de ervas, encontrados nas casas que vendem artigos de Umbanda. Usado para tomar banhos de descarga, com a finalidade de descarregar os fluidos negativos do corpo das pessoas.

Sabão da costa, coco

Usado nos rituais de tirar a mão da cabeça e dos utensílios religiosos pertencentes ao médium no caso de falecer o chefe do terreiro em que o médium frequentava, ou numa eventual troca de terreiro.

Sabão de cinzas

É um descarregador de maus e pesados fluidos negativos gerados por espíritos sem luz, ou seja, Quiumbas. Encontrado nas casas que vendem artigos de Umbanda, é bastante usado pelos médiuns para lavar as mãos, sola dos pés ou calçados antes de entrar em suas casas após visita ao cemitério. Substitui com bastante sucesso o tradicional ecó de cinzas deixado no portão antes de sair de casa para tal fim. Não serve para tomar banho de corpo inteiro.

Sacudimento

Significa fazer limpeza de descarrego, lavagem e varredura do terreiro e nos seus médiuns de corrente. Pode ser feito em pessoas, locais particulares ou comerciais, que estejam sob efeitos de espíritos obsessores, ou até mesmo sendo vítimas de feitiços malignos enviados por desafetos.

Troca de vida

É um ritual de limpeza completo, feito no corpo de uma pessoa que se encontra bastante enferma, ou também pode ser feito em alguém que esteja enfrentando grandes problemas financeiros.

Durante esse ritual a pessoa deve usar uma peça de roupa sua bastante velha sobre a que estiver vestindo, para que após a limpeza no corpo ela possa tirar a peça de roupa para ser rasgada e pisoteada pela própria pessoa. Feito isso, a roupa, ou melhor, o que restou da roupa, será despachada junto com a limpeza. O mais ideal é uma camisa velha e, na maioria das vezes, esse ritual é feito com entidades da Linha de Esquerda.

Arriar

Quer dizer o mesmo que colocar ou deixar no chão ou em algum determinado lugar oferendas, trabalhos, rituais ou magias para uma determinada entidade de Umbanda ou da sua Linha de Esquerda.

Aparelho, cavalo, matéria, burro, filho(a)

Nomes pelo qual é chamado o médium pela sua entidade, guia ou protetor de Umbanda.

Cambono, samba

Bastante conhecedor da religião de Umbanda e das normas de um terreiro, é uma espécie de secretário das entidades e do terreiro. Considerado o intérprete entre a entidade e o consulente, anota recados, receitas, consultas, serve as entidades, organiza as pessoas para algum atendimento exclusivo com alguma entidade, organiza antes da abertura dos trabalhos os materiais que serão usados pelas entidades durante os trabalhos etc. Quando o terreiro de Umbanda tem um porte um pouco maior, ou seja, bastante amplo e possui bastante médiuns, esse cambono ganha um ou mais auxiliares, conforme a necessidade, para que possa atender e cumprir melhor as suas tarefas durante os trabalhos.

Cambono de assistência

É um membro da corrente, escolhido pelo chefe do terreiro, que ficará encarregado de receber seus frequentadores com respeito, amor e carinho. É ele quem deve orientá-los e organizá-los na assistência em silêncio, até a hora de encaminhá-los para os passes com as entidades. Na maioria dos terreiros ele também é responsável pela defumação dos médiuns, do terreiro e da assistência.

Cartazes, folhetos, faixas

As maiorias dos terreiros de Umbanda distribuem cartazes em seu recinto pedindo aos frequentadores da assistência:

- Façam silêncio;
- Não usem shorts, bermudas, minissaia, miniblusa, camiseta regata, roupa preta, decotada e transparente;

- Não fumem no local;
- Não ingiram bebidas alcoólicas antes de ir ao terreiro.

Outros cartazes informam dias e horários dos trabalhos, de festas ou homenagens às entidades, e alguns chegam até a informar títulos de bons livros para os interessados em ler e aprender mais sobre a religião de Umbanda. Além de cartazes, alguns usam também folhetos e faixas com lindas mensagens espirituais.

Som mecânico

São em média duas ou quatro caixas de som pequenas instaladas no alto dos cantos do terreiro, que ficam tocando ambientalmente preces, palestras, hinos ou pontos de Umbanda antes de começar os trabalhos. É excelente para acalmar as pessoas que estão cheias de problemas ou que estão no terreiro pela primeira vez. Ajuda na concentração de todos os frequentadores, atingindo melhor desenvolvimento e elevação espiritual de cada um antes de começar os trabalhos. É usado também para dar vários tipos de avisos aos frequentadores.

Alma

Para alguns espíritas e espiritualistas, a alma significa o conjunto de espírito, perispírito e corpo do ser humano encarnado no plano terra.

Médium de Umbanda

Todas as pessoas são médiuns, porém médium de Umbanda é aquele que facilmente entra em intercâmbio com os mortos, incorpora alguma entidade ou faz parte da corrente mediúnica de um terreiro.

Mas somente com o dom ou frequência em uma corrente de Umbanda não quer dizer que seja um médium completo. Para que isso aconteça, é necessário que o médium estude muito sobre a religião de Umbanda, e participe um bom tempo na corrente mediúnica de um terreiro para conhecer as entidades, aprender a servi-las, a cantar os pontos e ajudar em todas as tarefas durante os trabalhos. Somente após esse tempo de aprendizado material o médium estará apto a desenvolver seu dom espiritual, começando pela gira especial de desenvolvimento, caso o médium tenha o dom de incorporação, quando receberá os primeiros fluidos da sua entidade. Passado esse tempo de desenvolvimento e já estando o médium recebendo firmemente sua entidade, estará ele apto a se desenvolver com ela nos dias de trabalhos ajudando na corrente dos passes da assistência, mas não cantará, não falará, não dará consultas, não riscará seu ponto, enquanto o chefe do terreiro ou seu guia chefe não pedir ou autorizá-lo a fazê-lo. Isso tudo deverá acontecer espaçadamente com o tempo e alguns rituais especiais para tal fim. Somente depois de todo esse processo e alguns mais, como cruzamentos, reforços, coroação etc., o médium poderá se considerar um médium de Umbanda completo, estando livre do animismo, invencionice e outras coisas que se vê por aí, deturpando o nome das verdadeiras entidades e da religião de Umbanda.

Mediunidade

Nessa religião, a mediunidade é o dom ou a facilidade de uma manifestação, transe ou incorporação de uma entidade, guia ou protetor no seu médium. Pode ser consciente, semiconsciente ou inconsciente. O médium consciente sabe o que está fazendo, porém não é ele quem faz. O médium semiconsciente tem algum conhecimento do que faz, mas não totalmente e, às vezes, pode ou não impedi-lo. O médium inconsciente não sabe o que faz, nem se recorda de tudo o que fez, pois fica em estado adormecido, sem noção de nada, até mesmo do tempo.

Tipos de mediunidades

Existem vários tipos e formas de mediunidade: a vidente (que vê espíritos e entidades), clarividente (vê acontecimentos futuros), auditiva (ouve espíritos e entidades), de materializações (faz aparecer espíritos e entidades), curadora (cura enfermidades), de psicografia (escreve mensagens de espíritos e entidades), de incorporação (o espírito ou a entidade toma posse do corpo do médium) etc.

Grau ou estado da mediunidade

É a forma como está se apresentando a mediunidade de uma pessoa. Depende do grau ou estado que se encontra essa mediunidade, pode ser latente, semidesenvolvida ou desenvolvida. Latentes são aquelas que não desenvolverão nessa existência. A semidesenvolvida é aquela que se pode comparar a um botão de rosas pronto a desabrochar. A desenvolvida é aquela que já se encontra pronta, segura e firme para prestar a caridade.

Iniciação, preparação, aprontamento

É o conjunto de rituais que será realizado no médium iniciante que vai fazer parte do corpo mediúnico de um terreiro de Umbanda. Começa pelo batismo, depois o cruzamento de cabeça, a confirmação se o médium incorpora alguma entidade, e após vários reforços de cruzamentos, vem a coroação da entidade, se for o caso.

Cruzamento de cabeça, feitura

É o derramamento do Amaci (mieró) sobre a cabeça do médium, feito pelo chefe ou guia chefe do terreiro, enquanto se canta o ponto da entidade, guia ou protetor do médium caso ele a incorpore, ou o ponto do guia chefe do terreiro. A confirmação do mesmo se dará após o cruzamento de cabeça do médium, quando a sua entidade incorpora e risca seu ponto, caso seja ele médium incorporante.

Coroa de Umbanda

É feita de duas espadas de são Jorge, com plantas presas umas nas outras em forma de círculo com a medida da cabeça do médium, enroladas com arruda, guiné e alecrim preso em toda a sua volta. É utilizada para coroar suas entidades após os cruzamentos e alguns anos de trabalhos. A partir dessa coroação o médium está apto, ou seja, pronto a abrir sua casa, e trabalhar com seus guias e protetores, respeitando sempre os preceitos da religião e usando-a sempre com fins beneficentes. Esse ritual de coroação só é feito em médium incorporante, e, para prender as espadas, arruda, guiné e o alecrim na feitura da coroa, pode-se usar linha de costura ou fio de palha da costa.

Coroação da entidade

A coroação é feita da seguinte forma: Depois de o médium ter incorporado sua entidade, o chefe ou guia chefe do terreiro pega a bandeja com a coroa e uma vela branca acesa em cima que já deve estar preparada e pede para que a entidade que irá ser coroada se ajoelhar na sua frente. Após isso, será dito algumas palavras referente à entidade e seu orgulho de estar coroando-a. Então, colocará sobre a cabeça do médium incorporado a coroa, puxando o ponto de coroação para a entidade dançar ou girar enquanto as outras entidades e participantes batem palmas. Ao término do ponto de coroação, canta-se o ponto da entidade que está sendo coroada, e durante esse segundo ponto, as outras entidades poderão cumprimentar a entidade coroada, e ao final do ponto e dos cumprimentos, o guia chefe do terreiro retira a coroa da cabeça do médium, entrega para que o cambono guarde e depois a devolva para o médium que foi coroado levar para casa, e está encerrado o ritual de coroação.

Se o médium tiver mais de uma entidade, esse ritual de coroação deve ser repetido para todas as entidades do médium, inclusive para a entidade da Linha de Esquerda.

Ponto de coroação

A minha coroa esta no céu
A sua também está
mas para ti possuí-la
muito amor tu tens que dar
salve a Mãe Oxum
salve a Mãe Iemanjá
salve a coroa do Pai Oxalá
salve a Mãe Oxum
salve a Mãe Iemanjá
salve a coroa do Pai Oxalá.

Abertura dos chacras na Umbanda

Ritual importantíssimo realizado por muitos chefes de terreiros, tanto na Umbanda como na Linha de Esquerda. Serve para melhor formação, canalização e segurança do médium e da sua entidade, quando estão começando a desenvolver. Pode ser realizado no congá ou direto nos pontos de força das entidades.

Chacras

Coronário – Em cima do Ori (cabeça)
Frontal – Na testa, acima dos olhos
Laríngeo – Na garganta
Cardíaco – No peito, sobre o coração
Umbilical – Sobre o umbigo, no plexo solar
Esplênico – Sobre o baço
Básico – Base da coluna vertebral

Amaci, mieró

Líquido preparado com água pura em um recipiente apropriado para tal fim, e junto a maceração de ervas, folhas, flor e raízes pertencentes às respectivas entidades. Depois de pronto e coado, alguns acrescentam, mel, perfume, refrigerante de guaraná, cerveja preta, branca ou vinho tinto suave.

Tirar a mão

É o ato em que o pai de santo, cacique, Babalorixa ou chefe de um terreiro, com um determinado ritual e usando alguns materiais da religião de Umbanda, tira a mão de outro pai de santo, cacique, babalorixá ou chefe de um terreiro, da cabeça de um médium. Os Motivos podem ser vários, entre eles o de o médium estar se afastando da religião, trocando de terreiro, falecimento do chefe do terreiro que frequenta etc.

Colocar a mão

É o ato em que o pai de santo, cacique, Babalorixá ou chefe de um terreiro, com um mieró de ervas e usando alguns materiais da religião de Umbanda, coloca a sua mão na cabeça de um médium. Os motivos podem ser vários, entre eles, o médium entrar para a religião de Umbanda, segurança, saúde, cruzamento, reforço etc.

Erveiro, mão de ervas

É o médium do terreiro responsável pela colheita das ervas para os dias de cruzamentos ou para algum ritual qualquer que exija o uso de uma ou mais ervas. O médium do terreiro que ocupa esse cargo deve ter todos os seus cruzamentos, além de estudar, ler e se atualizar o máximo possível sobre o conhecimento das ervas, suas origens, finalidades e a qual entidade pertence.

Sacramentos da Umbanda

Todo o médium de Umbanda deve viver conforme os princípios da religião, porque dentro dela também há seus sacramentos, que são: rituais de batizado, comunhão, crisma, cruzamentos, confirmação, coroação, casamento, missas e funeral. E todo terreiro de Umbanda que estiver legalmente registrado em algum órgão ou federação umbandista está apto a fornecer com validade absoluta, em todo o Brasil, qualquer certificado referente a algum desses rituais citados anteriormente.

Despachar assentamentos ou feituras

Ritual que tem a finalidade de despachar, em lugares adequados, assentamentos, feituras, guias e todos os materiais pertencentes ao médium que faleceu ou que esteja se afastando da religião de Umbanda. Esse ritual deve ser feito por uma pessoa capacitada, segura e que pertença à religião de Umbanda. Se o motivo for o afastamento do médium da religião de Umbanda, pode ser feito pelo próprio médium.

Horários

Todo o terreiro de Umbanda deve obrigatoriamente ter dias e horários certos para começar e terminar os seus trabalhos, pois todas as entidades, sem exceção, para quem não sabe, tem outros compromissos no astral, não podendo, em hipótese alguma, ficar à disposição dos seus médiuns na terra, e nem muito tempo incorporadas neles.

Higiene do terreiro

O chefe do terreiro, se não tiver uma pessoa fixa, deve fazer um rodízio dos próprios médiuns de corrente para fazerem a limpeza do terreiro, principalmente antes e depois dos trabalhos realizados, deixando o terreiro limpo, perfumado, arejado e iluminado.

Abrir a gira

É o mesmo que dar início aos trabalhos de Umbanda, ou da sua Linha de Esquerda, depois de ter firmado todas as formas de segurança do terreiro.

Fechar a gira

É o mesmo que encerrar os trabalhos de Umbanda, ou da sua Linha de Esquerda, depois de as entidades levantarem todas as cargas que possam ter ficado dentro do terreiro.

Hora grande

O mesmo que meia-noite. É uma das horas mais calmas em que os Exus e Pombas-Giras escolhem para realizar seus trabalhos de magias em favor dos seus médiuns, fiéis ou simpatizantes.

Hora aberta

As horas consideradas abertas pelas entidades de Umbanda são: seis da manhã, meio-dia, seis da tarde e meia-noite. Tem o mesmo significado que a hora grande, e, além de serem usadas pelos Exus e Pombas-Giras, são usadas também pelas demais entidades de Umbanda.

Sessões de doutrina

Geralmente o chefe do terreiro define um ou mais médiuns antigos, para realizarem essas sessões em dias e horários pré-combinados entre as partes interessadas. Os médiuns novos que estão entrando para o terreiro de Umbanda receberão dos mais antigos as primeiras noções doutrinárias sobre os diversos tipos de mediunidades. Esses tipos de sessões são teóricas e todos os terreiros de Umbanda deveriam tê-las.

Sessões ou gira de desenvolvimento

Essas sessões são feitas em dias diferenciados, e só participam delas o chefe do terreiro ou um médium antigo escolhido para comandar essas sessões, alguns médiuns desenvolvidos, cambono, tamboreiro (se for o caso do terreiro usar tambor) e os médiuns que estão em desenvolvimento.

Sessões ou gira de descarrego

Essas sessões também são feitas em dias diferenciados, e só participam delas o chefe do terreiro ou um médium antigo com experiência no assunto para comandar as sessões, alguns médiuns desenvolvidos, cambono, tamboreiro (se for o caso do terreiro usar tambor) e as pessoas escolhidas que serão trabalhadas, ou seja, descarregadas. O uso da pólvora e da defumação nesses trabalhos são muito comuns, tornando essas sessões muito pesadas.

Sessões ou gira de caridade

Essas sessões são compostas por todo o corpo mediúnico do terreiro, são realizadas uma ou duas vezes por semana conforme determinação do chefe ou guia chefe do terreiro e é aberta ao público, podendo participar delas qualquer pessoa ou criança que necessitem de algum tipo de ajuda.

Sessões ou gira da Linha de Esquerda

São giras em que as entidades da Linha de Esquerda, Exus e Pombas-Giras, incorporam em seus médiuns para fazerem limpezas e descarrego dos seus médiuns e, principalmente, do terreiro. São realizadas uma ou duas vezes por mês, podendo ser aberta ao público.

Sessões ou gira de cruzamento

São sessões especiais marcadas com antecedência pelo chefe do terreiro. São compostas por todo corpo mediúnico do terreiro, independente dos que irão fazer cruzamento, e os médiuns novos que irão receber seus cruzamentos.

Sessões ou gira de batismo

Também são sessões especiais marcadas com antecedência pelo chefe do terreiro depois de receber as inscrições dos que serão batizados e seus respectivos padrinhos. São realizadas com a presença de todo o corpo mediúnico do terreiro com as pessoas ligadas aos que serão batizados e é aberta ao público.

Sessões ou gira de casamento

Também são sessões especiais e devem ser marcadas com antecedência pelo chefe do terreiro depois receber as inscrições dos que irão se unir pelas lei da Umbanda, e seus respectivos padrinhos. São realizadas com a presença de todo o corpo mediúnico do terreiro, com as pessoas ligadas aos noivos, convidados e também pode ser aberta ao público.

Sessões ou gira normal

São giras destinadas à caridade das pessoas, adultos e crianças e são realizadas, na maioria das vezes, com Caboclos, Pretos-Velhos, Marinheiros, Boiadeiros, Ciganos e Cosmes.

Missa em memória

É o encontro dos médiuns de corrente no terreiro, realizadas algumas vezes após o falecimento do chefe do terreiro ou de um médium de corrente, com a finalidade de direcionarem preces e orações ao falecido.

Rituais de descarga

Existem vários rituais de descarga dentro da religião de Umbanda, porém os mais usados são feitos dentro do terreiro, no mar, no rio, nas matas, nas encruzilhadas e no cemitério. Nesse último deve-se ter o máximo de cuidado possível na hora de realizar o ritual por causa dos espíritos perturbadores, atrasados, sem luz etc.

Espíritos

São "seres inteligentes da criação, que povoam o universo fora do mundo material".

Encosto

É um espírito perturbador, arruaceiro, sem luz, que se encosta-se à pessoa com a finalidade de prejudicá-la em todos os sentidos da vida (econômica, saúde, pessoal, familiar e amorosa).

Mistificação, animismo

É um dos mais importantes casos do falso espiritismo. Muitos charlatões com bastante conhecimento sobre a Umbanda e sua Linha de Esquerda aproveitam do seu conhecimento para mistificar entidades e tirar proveito das pessoas menos esclarecidas.

Obsessão

É o mesmo que encosto. Persegue, ataca, judia etc. Maneira pela qual os espíritos perturbados e vingativos aproveitam para prejudicar, em todos os sentidos, as pessoas ou algum desafeto dessa ou de outra encarnação, principalmente espiritual. Ex:

A. Desencarnado, um ser humano que no plano carnal por um motivo qualquer, tenha sido nosso inimigo e por isso nos tenha jurado vingança, propõe-se a executá-la após seu desencarne.
B. Espíritos que em encarnações anteriores a essa foram nossos inimigos e nos descobrem encarnados nesse plano. Assim, resolvem vingar-se de nós, isto é, resolvem cumprir com seu plano de vingança.
C. Espíritos que, por qualquer motivo dado por nós nessa atual encarnação, se tornaram nossos inimigos e, desencarnados como estão, resolvem se vingar do que nós fizemos a eles.

Olho grande

Feitiço mental enviado, na maioria das vezes, por inveja material ou espiritual de certas pessoas que não tem ânimo para nada, principalmente para ir atrás das suas conquistas e ideais.

Feitiço, coisa feita, trabalho para o mal

O famoso feitiço não pertence somente a Umbanda, ele se encontra em todas as religiões, seitas e formas de vida, em geral nas mentes fracas, descontroladas, ignorantes ou emotivas. Aparece de várias formas, dentre elas, o feitiço mental, verbal e físico, e como diz o nosso amigo Ramatis, "todos nós estamos mais ou menos enfeitiçados ou encantados em nossa vida humana. O fumante esta enfeitiçado pela nicotina, o beberrão pelo álcool, o carnívoro pela carne e o jogador pelo carteado. Todos nós precisamos de um bom trabalho de desmancho desses feitiços, para então readquirirmos o nosso comando mental e livrar-nos dos "objetos" que nos "embruxam" e nos obsedam no dia a dia". Há pessoas enfeitiçadas pelo orgulho, ciúme, amor próprio, rancor, inveja, praga rogada, maldição, atração, sedução e fascínio.

Feitiço físico

É aquele que é enviado através de vários tipos de materiais usados para serem imantarem determinados tipos de energias negativas e malignas, com a finalidade de nos destruir material e espiritualmente. Mas, assim como existe o feitiço físico, existe também o antídoto físico para esse método. Ex: sacudimento, que é um tipo de trabalho em que é usado vários materiais, devidamente preparados, para serem passados no corpo da pessoa para livrá-la de qualquer mal que possa estar prejudicando o indivíduo.

Feitiço verbal

É aquele que nos é enviado verbalmente através de vários tipos de alusões pessimistas, fofocas, calúnias etc., com a finalidade de nos destruir material e espiritualmente. Assim como existe o feitiço verbal, existe também os antídotos verbais para esse método. Ex: preces e orações, que tem a finalidade de nos harmonizar e nos livrar de qualquer mal que possa estar nos prejudicando.

Feitiço mental

É aquele que nos é enviado mentalmente através do olho grande, inveja, rancor etc., com a finalidade de nos destruir material e espiritualmente. Existe também os antídotos mentais para esse método de feitiço. Ex: o poder da mente, que, com a concentração e a elevação do nosso pensamento aos orixás, guias e protetores, tem a finalidade de nos harmonizar e nos livrar de qualquer mal que possa estar prejudicando.

Choque de corrente

Pode-se dizer que é um tipo de mal, material ou espiritual, atraído pelo médium que não se fixa em um terreiro.

Anjo de guarda

Espírito protetor, Orixá, entidade, guia ou mentor que acompanha o médium desde seu nascimento até o seu desencarne.

Congá, peji, assento, santuário

É o mesmo que altar, onde são expostas as quartinhas, imagens dos orixás, guias e protetores de Umbanda. Deve ser devidamente cruzado e firmado pelo chefe do terreiro, pois é um ponto de muita

força dentro da religião, que atinge todos os médiuns da corrente e os frequentadores do terreiro. Sua luz é fortíssima e tem uma conexão direta com as entidades de Umbanda. Sempre que possível, devemos usar no congá as imagens africanas dos Orixás.

Assistência

Local reservado no terreiro com cadeiras ou bancos no lado direito e esquerdo onde ficarão as pessoas sentadas conforme a sua ordem de chegada. Mulheres e crianças de um lado e homens do outro.

Cartas cigana, tarô, bola de cristal

Métodos de adivinhação dos ciganos usados para prever o futuro das pessoas. Com a introdução desse povo na Umbanda, a maioria dos chefes de terreiros também passou a usar desses artifícios ciganos. A Umbanda pura não possui nenhum tipo de jogos de adivinhação.

Búzios, kauris, caracol

É uma espécie de concha africana, usada nos assentamentos da Linha de Esquerda, e raramente em guias ou colares de Umbanda. Pertencem às nações africanas que as usam como jogo para auxiliar os Orixás dos seus frequentadores, além do passado, presente, futuro das pessoas e também em seus assentamentos de Orixás.

Guia imperial

Espécie de guia feita um pouco mais comprida, com sete pernas (fios), contendo as sete cores que representam as sete linhas de Umbanda.

Miçangas

São contas miúdas e graúdas, de diversas cores e formatos, leitosa ou transparente, usadas para fazer guias e colares de Umbanda.

Lágrima de nossa senhora

Espécie de semente seca, usada para fazer guias e colares de Pretos--Velhos e Africanos.

Ilê, templo, terreiro, tenda, centro, cabana, choupana, seara

Local onde se realiza os cultos de Umbanda. O mesmo que casa de Umbanda, independente do local ser grande ou pequeno, ou de ser uma peça da casa residencial do chefe do terreiro usada para tal fim. Deve ser bem segurada e calçada tanto do lado de fora como de dentro, Pois nesse local fluem muitas energias positivas e também negativas.

Fundamentos, preceito, raiz

É a doutrina que o chefe do terreiro recebeu do seu feitor, ao que seu terreiro de Umbanda segue exatamente igual, e que os seus médiuns deverão seguir também. É como se fosse uma doutrina hereditária de aprendizagem e conhecimentos passados de pai para filho.

Consultas

Conversa reservada entre uma entidade e uma pessoa, na maioria das vezes com a participação do cambono do terreiro.

Dar passagem

É o momento em que a entidade, guia ou protetor, incorporado no seu médium, desincorpora para dar passagem para outra entidade incorporar no mesmo médium e no mesmo momento.

Cabeça feita

Denominação de um médium desenvolvido que já recebeu cruzamento no terreiro, tendo já definido seu guia de cabeça, ou seja, médium que já passou pelo ritual do amací (mieró).

Chefe de cabeça, pai de cabeça

É um dos nomes pelo qual é chamado o guia-chefe do médium de Umbanda, que foi desenvolvido no terreiro. Deve ser sempre um guia da direita.

Casa de Exu e Pomba-Gira

Local onde estão assentados o Exu e Pomba-Gira responsáveis pelo terreiro, também chamado de Ponto de Força ou tronqueira. Nesse mesmo tipo de casa podem-se assentar os Pretos-Velhos e Africanos.

Assentamento

Ritual realizado nos terreiros de Umbanda, que tem a finalidade de assentar no chão, em uma vasilha, dentro ou fora do terreiro ou no congá, as forças de uma ou mais entidades, para fortalecer proteção e segurança ao local.

Sacrifício de animais

Ritual ainda usado em alguns terreiros de Umbanda, nos assentamentos de Exu e Pomba-Gira. Na Umbanda Pura não existe qualquer tipo de sacrifícios de animais. Tudo é feito com ervas e bebidas.

Terra de diferentes pontos da natureza

São usadas por alguns chefes de terreiros, em pequenas porções no assentamento ou ponto de força da Linha de Esquerda quando assenta-se o Exu e a Pomba-Gira. Ex: terra da encruzilhada, mato, praia etc.

Metais em pó

Pó de cobre, ferro, ouro, prata, bronze, chumbo entre outros, são muito usados em assentamentos ou ponto de força da Linha de Esquerda, junto com pó de carvão, pó de tijolo, cinza, enxofre e terra de vários locais diferentes na natureza.

Cabalas

São os pontos riscados pelas entidades, guias e protetores, principalmente da Linha de Esquerda, que depois são feito em ferro, para ser usados como cabala nos seus assentamentos ou pontos de força.

Fases da lua

Cheia, minguante, nova e crescente. Deve-se observar suas fases na hora de fazer cruzamentos nos médiuns, rituais, trabalhos, magias, oferendas, assentamentos, pontos de força etc.

Pontos cardeais

Norte, sul, leste e oeste. É muito importante observar estes pontos cardiais para o posicionamento correto na hora de fazer entregas como trabalhos, oferendas, rituais e alguns tipos de despachos.

Filá, fez

Espécie de gorro branco que substitui o pano de cabeça. É bastante usado pelos babalorixás, caciques, chefes de terreiros e médiuns homens na hora de realizar certos tipos de trabalhos ou em rituais de obrigações na Linha de Esquerda, com a finalidade de proteger a cabeça. Nesses casos, diferente dos homens, as mulheres usam o tradicional pano de cabeça.

Ocutá, otá, itá

É um tipo de pedra usada no assentamento de Exu e Pomba-Gira que pode substituir as imagens. Pode ser encontradas nos rios, cachoeiras, estradas, matos, campos, montanhas, pedreiras, mar etc., e não pode ter defeito algum como ser trincada ou quebrada, a não ser que o defeito seja da própria natureza.

Coité

Vasilha feita da metade de um coco, usado para trabalhos e principalmente para servir ou arriar bebidas às entidades.

Orô

É uma espécie de árvore cujas folhas são consideradas sagradas pelos antigos Umbandistas, por conter o poder das sete ervas.

Padê

Pequena oferenda que serve para despachar os Exus e Pombas-Giras antes de iniciar os trabalhos de Umbanda. É despachado nas encruzilhadas afastadas de residências, sem intenções ofensivas. Pode-se também despachar do lado de fora do portão, na rua em frente ao terreiro.

Acaçá

É uma espécie de comida originária da África e usada em muitos terreiros de Umbanda. É feito de amido de milho ou canjica e oferecida a Oxalá.

Linha branca

São terreiros de Umbanda que não dão passagem para a Linha de Esquerda, ou seja, Exus e Pombas-Giras, apenas entidades, guias e protetores da direita.

Linha cruzada

É a união da Linha de Esquerda com a linha da direita, com a finalidade de tornar mais forte um trabalho, magia ou ritual de descarrego no terreiro de Umbanda.

Baixar o guia

Termo referente à incorporação das entidades, guias e protetores nos seus médiuns. Alguns dizem entrar em transe.

Falange, banda, legião, povo

É a divisão de Linhas onde cada falange é composta por milhares de espíritos comandados por um guia chefe.

Sete linhas de Umbanda

É a união de várias linhas ou grupos de espíritos, entidades, guias ou protetores de diferentes planos e dimensões, com os mesmos objetivos:

- Linha de Oxalá: Caboclos Aymoré, Guaracy, Ubiratan, Urubatão, Tabajara, Tupy, Guarani etc.
- Linha de Ogum: Ogum Matinada, Beira-Mar, Yara, De Lei, Rompe-Mato, Megê, Dê Malê etc.
- Linha de Oxossi: Cabocla Jurema, Caboclo Arabiboia, Cobra Coral, Arranca-toco, Tupyara, Arruda, Pena Branca etc.
- Linha de Xangô: Xangô Sete Montanhas, Sete Pedreiras, Pedra Preta, Kaô, Agodô, Pedra Branca, Seta Cachoeiras etc.
- Linha de Iemanjá: Cabocla Indaiá, Nanã Buruquê, Estrela do Mar, Yara, Oxum, Iansã, Sereia do Mar etc.
- Linha de Cosme: Damião, Cosme, Doum, Yari, Tupãzinho, Ori, Yariri etc.
- Linha dos Pretos-Velhos: Pai Joaquim, Pai Benedito, Pai Tomé, Pai Congo de Aruanda, Pai José de Aruanda, Pai João, Vovó Maria Conga etc.

Kardecismo

É um dos pontos básicos em que se fundamentam todas as teorias espíritas e espiritualistas. Decodificação do espiritismo por Alan Kardec, na qual se origina o nome Kardecismo.

Karma

É a consequência de vidas passadas que aparecem na presente, para melhorar as futuras. É o que nós chamamos de destino do ser humano. É originado pelo modo de vida que cada ser humano tem ou teve na sua encarnação anterior.

Firmar a porteira

É um ritual que tem como objetivo trazer segurança para os trabalhos que serão realizados. Esse ritual pode ser simbolizado por um ponto riscado no assentamento ou ponto de força da Linha de Esquerda, uma vela acesa ou uma oferenda, conforme critério do chefe de terreiro.

Firmar o ponto

É a elevação dos pensamentos em coletividade, que conseguimos cantando um ponto puxado pelo guia chefe do terreiro ou tamboreiro. Pode ser firmado cantando um ponto, riscando um ponto, cravando a ponteira em um ponto riscado ou em combinação dos três. Pode significar também quando o guia dá seu ponto cantado ou riscado, como prova de autenticidade.

Água fluidificada

São vasilhas com água, como garrafas plásticas transparentes, levadas no terreiro nos dias de trabalhos de caridade para serem magnetizadas pelos orixás, guias e protetores, e que servirá de remédio para aqueles que têm fé.

Sete águas

São pequenas porções de águas, retiradas de sete lugares diferentes, ex: cachoeira, mar, rio, chuva, bica ou nascente, poço, mineral sem gás, praia, lagoa etc., colocadas juntas em um mesmo recipiente e usadas pelos médiuns, orixás, guias e protetores para várias finalidades, como banhos de descarga.

Bebidas de trabalhos

Água com açúcar, água com mel, água com sal, água pura, água com arruda, café amargo, vinho, cerveja, champanhe, cachaça com mel, cachaça etc., são tipos de bebidas usadas pelas entidades durante os trabalhos de Umbanda e sua Linha de Esquerda.

Marafa, pinga, otin, água ardente, curiadô, parati

Nomes pelos quais as entidades chamam a tradicional cachaça nos terreiros de Umbanda.

Aruanda

Cidade de luz situada no plano astral onde vivem todas as entidades de Umbanda.

Juremá

Também é uma pequena cidade de luz situada no plano astral dentro da Aruanda onde vive a maior parte dos caboclos de Umbanda.

Jurema

Bebida alcoólica feita com o fruto da jurema. Também é o nome de uma cabocla muito antiga que incorpora nos terreiros de Umbanda.

Orum, céu, paraíso

Para muitos espíritas e espiritualistas é o lugar para onde vamos após partirmos desse plano, dependendo do que fizermos da nossa vida na terra, se evoluirmos espiritualmente e aprendermos a ser bons com os nossos semelhantes.

Oló, subir

Dito por uma entidade de Umbanda ou da sua Linha de Esquerda, significa ir embora.

Pataco, ococí, maguê

Além de outros nomes ditos por muitas entidades de Umbanda, esses também têm o mesmo significado que dinheiro, moeda.

Quiumba, rabo de encruza

Espíritos atrasados, obsessores que trabalham somente para o mal das pessoas. Gostam de mistificar tentando se passar por Exu, Pomba-Gira ou outras entidades de luz.

Zãmbi, Tupã, Olórum, Olodumaré

Nomes pelo qual é ou pode ser chamado Deus dentro do terreiro de Umbanda. Religiosamente, ou seja, sob o aspecto religioso esses nomes significam: Pai supremo, Senhor e criador absoluto de tudo e de todas as coisas, é a força geradora e mantenedora de todas as demais forças.

Entidades

Caboclos, Pretos-Velhos, Africanos, Cosmes, Boiadeiros, Marinheiros, Baianos, Bugres, Ciganos, Exus, Pombas-Giras etc. Entre muitas outras, essas são as mais tradicionais entidades que se incorporam na religião de Umbanda.

Orixás

São divindades da natureza, cultuadas na religião de Umbanda, também considerados d§euses do panteão africano que regem as forças da natureza. Ogum, Iansã, Xangô, Oxossi, Oxum, Iemanjá, Nanã,

Oxalá, Omolu etc. Todos eles são emanações de um Deus supremo, como todos os seres criados.

Orixás, guias, protetores, mensageiros, mentor

São alguns nomes pelo qual são chamados as Entidades de Umbanda. Entre elas: 7 Orixás, 49 Chefes de Legião, 343 Guias, 2.401 Protetores – citados e conhecidos pela maioria dos Umbandistas.

Horários planetários dos Orixás, guias, protetores e suas falanges

Oxalá – 12h00 às 12h30
Ogum – 12h30 às 12h55
Oxossi – 12h55 às 13h20
Xangô – 13h20 às 13h45
Pretos-Velhos – 13h45 às 14h10
Cosmes – 14h10 às 14h35
Iemanjá – 14h35 às 15h00

Horas planetárias dos Exus, Pombas-Giras e suas legiões

Sete Encruzilhadas – 00h00 às 00h30
Tranca Ruas – 00h30 às 00h55
Marabô – 00h55 às 1h20
Gira Mundo – 1h20 às 1h45
Pinga Fogo – 1h45 às 2h10
Tiriri – 2h10 às 2h35
Pomba-Gira – 2h35 às 3h00

Fetiche

Como se fosse um amuleto, patuá, talismã, ídolo, qualquer objeto cultuado, ao qual é depositado fé, confiança e crença por parte dos seres humanos, que lhe atrairá sorte e afastará todo o mal.

Sincretismo

Em alguns terreiros ainda existe o sincretismo das entidades de Umbanda com os santos católicos, mais varia muito de um estado para outro. Alguns são:

- **Olodumaré** – Deus
- **Tupã** – Deus
- **Zambi** – Deus
- **Olorum** – Deus
- **Oxalá** – Jesus cristo
- **Ogum** – São Jorge
- **Iansã** – Santa Bárbara
- **Xangô** – São Jerônimo
- **Oxossi** – São Sebastião
- **Oxum** – N. Sa. Aparecida, Imaculada Conceição
- **Iemanjá** – N. Sa. dos navegantes
- **Nanã** – Sant'Anna
- **Erê, Ibejí** – Cosme e Damião
- **Omolu** – São Lázaro

Elementais

Existem vários elementais usados nos trabalhos de magia nos terreiros de Umbanda, dentre eles os mais usados são: terra, água, fogo e ar.

Energias condensadas

São fluidos, vibrações, energias positivas e negativas, deslocadas de um ou mais seres humanos, assim como de objetos, que depois são concentrados e endereçados a outrem ou a algum lugar.

Espíritos da natureza

São seres espirituais que comandam o dia a dia da natureza: da terra, do fogo, do ar, dos rios, dos lagos, do mar, das árvores, dos ventos etc.

Fluidos

São energias benéficas ou maléficas, positivas ou negativas, que emana de certos trabalhos, quando bem efetuados. São manipulados por entidades para sua constituição particular ou composição de trabalhos no plano astral.

Axé

Significa força, luz, clareza, poder espiritual, (tudo que está relacionado com a sagrada Umbanda), objetos, pontos cantados e riscados, limpezas espirituais etc.

Axé de faca, mão de faca

Para os terreiros de Umbanda que ainda usam o sacrifício de animais na Linha de Esquerda, é o mesmo que consagrar a faca e dar licença para fazê-lo, tanto para o médium como para a entidade (bastante antiga).

Axé de fala (língua)

Ritual usado por muitos chefes de terreiros como uma espécie de prova para ver se as entidades manifestadas nos novos médiuns são verdadeiras ou não. A partir desse ritual é dada a licença para a entidade falar, cantar, dar passes etc.

Axé de chapéu

Ritual de liberação em que o chefe ou entidade chefe do terreiro dá licença para a entidade da Linha de Esquerda, incorporada no seu médium, usar chapéu. Serve também para proteger a cabeça do médium, que está incorporado com a entidade da esquerda. Só é feito depois que a entidade estiver bem firme.

Axé de coroa

Ritual de liberação em que o chefe ou entidade chefe do terreiro dá licença para a entidade incorporada no seu médium usar a coroa. Só é feito depois que a entidade estiver firme.

Axé de capa

Ritual de liberação em que o chefe ou entidade chefe do terreiro dá licença para a entidade incorporada no seu médium usar a capa. Só é feito depois que a entidade estiver firme.

Axé de bengala

Ritual de liberação em que o chefe ou entidade chefe do terreiro dá licença para a entidade incorporada no seu médium usar a bengala a partir desse ritual. Só é feito depois que a entidade estiver firme.

Axé de guia imperial

Ritual de liberação em que o chefe ou entidade chefe do terreiro dá licença para a entidade incorporada no seu médium usar a guia imperial. Só é feito depois que a entidade estiver firme.

Axé de calçado

Ritual de liberação em que o chefe ou entidade chefe do terreiro dá licença para a entidade incorporada no seu médium usar calçado. Só é feito depois que a entidade estiver firme.

Axé de cadeira

Ritual de liberação em que o chefe ou entidade chefe do terreiro dá licença para a entidade incorporada no seu médium sentar a partir desse ritual. Só é feito depois que a entidade estiver firme.

Bater cabeça

Significa sinal de respeito e humildade para com as entidades, guias e protetores de Umbanda – batendo a sua cabeça no congá ou até mesmo para as próprias entidades.

Despacho, ebó

Tipos de oferendas ou agrados, colocado nos pontos de força das entidades, em troca de pedidos ou favores destas, sem nenhum tipo de intenção ofensiva ao seres humanos.

Abrir caminhos

Trabalho ou ritual realizado no terreiro ou na rua pelo médium ou entidade, com a finalidade de abrir todos os caminhos para a pessoa que estiver necessitada de algum tipo de ajuda.

Cruzeiro, encruzilhada, encruza aberta

Cruzamento de ruas que formam quatro saídas, como se fosse uma cruz (+).

Cruzeiro, encruzilhada, encruza fechada

Cruzamento de ruas que formam três saídas, como se fosse um (T).

Trabalhos, oferendas, despachos nas encruzilhadas

Nenhum tipo de trabalho, oferenda, ebó ou despacho deve ser colocado no meio da encruzilhada, qualquer que seja a entidade. O certo é em um dos cantos da encruzilhada e afastado de residências.

Limpeza do corpo antes de trabalhos e rituais

Qualquer trabalho, oferenda ou ritual que for feito para si próprio ou para outra pessoa, o médium que for realizar e a pessoa favorecida, se for o caso, deve, antes de tudo, fazer a sua limpeza de corpo. Higiene pessoal e espiritual. Se for uma oferenda, agrado ou uma coisa simples, um banho higiênico e um banho de descarga é o suficiente, isso vale também para dias de trabalhos no terreiro. Porém, se for um ritual mais forte como trabalho, magia, cruzamentos, reforços, o médium que for realizar e a pessoa a quem será direcionado o trabalho, devem obrigatoriamente, antes de tudo, fazer uma limpeza de corpo completa.

Repetições de trabalhos, magias, oferendas

Muito cuidado com os mesmos trabalhos realizados seguidamente, pois os mesmos acabam perdendo as forças e não oferecem o resultado desejado.

Como todos sabem, tudo que é demais é ruim. Então, para não correr esse risco, procure variar os trabalhos dentro daquilo que você procura.

A religião de Umbanda possui um arsenal de trabalhos, magias e oferendas com a mesma finalidade e com finalidades diferentes. Procure usufruir dessa variedade e com certeza você terá resultado.

Cavalo-marinho

Na maioria das vezes é usado pelos médiuns de Umbanda como amuleto para evitar o mau olhado, feitiços, além de atrair sorte. Outros que também são muito usados é a estrela marinha e a ferradura.

Sineta, adjá

Espécie de campainha usada para saudar e chamar os orixás, guias e protetores. Tem também a função de alertar para a concentração e silêncio dos médiuns e participantes na hora de começar os trabalhos, além de seu som ser considerado de muito Axé.

Alá, manto branco

Toalha ou manto branco considerado sagrado na r65eligião de Umbanda, pertencente a Oxalá.

Castiçal

Porta velas usado no congá, assentamentos ou ponto de força para acender velas, com a finalidade de iluminá-los.

Cinzeiro

É usado no terreiro de Umbanda nos dias de trabalhos pelas entidades que fumam, também se usa no congá e assentamentos para oferecer cigarros, charutos ou cigarrilhas às entidades. Em alguns terreiros o cinzeiro é substituído por alguidares com ou sem areia dentro, espalhados pelo terreiro.

Espada de São Jorge, espada de Santa Bárbara (plantas)

Essas espadas são muito usadas em vasos no congá, em trabalhos, oferendas e principalmente no terreiro pelas entidades incorporadas, Ogum e Iansã, para dar passes nas pessoas.

Vara de marmelo, cambuí

Serve para espantar espíritos sem luz, quiumbas e eguns, é muito usada nos trabalhos de limpeza de casas ou pessoas e nos assentamentos da Linha de Esquerda.

Papel de seda

Bastante usado na religião de Umbanda, nas cores das entidades, para enrolar pacotes contendo trabalhos de descarga. Usa-se também para enrolar balas, enfeitar as bandejas e pratos com as oferendas das entidades, e para decorar o terreiro.

Folha de mamona, folha de bananeira

São usadas para trabalhos, para forrar bandejas e pratos com oferendas às entidades, enrolar acaçá, levantamento de assentamentos e de obrigações aos Orixás, guias e protetores.

Tridente de ferro

Garfo de Exu em forma retangular com três pontas. Garfo de Pomba-Gira em forma arredondada com três pontas. São usados nos assentamentos de Linha de Esquerda.

Pontos de aço pequenos

Pequenos símbolos de aço (espada, flecha, lança, estrela etc.). Usados na confecção de guias das entidades, simbolizando as sete linhas ou as correntes de Umbanda.

Taça, copo

Usa-se nos assentamentos de Exu e Pomba-Gira, Africanos, Pretos-Velhos e no terreiro para servir bebidas para os mesmos.

Pequenos barcos de madeira ou isopor

Esses barcos são largados água a baixo como oferendas para Oxum e Iemanjá no dia das suas festas e comemorações, com a finalidade de homenageá-las e fazer pedidos a essas entidades.

Estrela de seis pontas

É considerada símbolo da Umbanda, usada nos terreiros, congás, guias e assentamentos. Seus triângulos invertidos significam: o que está em cima é igual ao que está embaixo.

Rosário de lágrimas de nossa senhora

Guia usada pelos Pretos-Velhos e Pretas-Velhas quando estão trabalhando incorporados nos seus médiuns. Costumam usar também arruda, cachimbo, palheiro, charuto, tesoura, bengala etc.

Piteira para cigarro

Pertence às Pombas-Giras que costumam usar para fumar quando estão incorporadas em seus médiuns.

Pente, espelho

Bastante usados em oferendas e trabalhos direcionados as entidades, Iansã, Oxum, Iemanjá e algumas vezes a Pomba-Gira.

Pós de trabalho

O próprio nome já diz que são para serem usados em trabalhos. Existem vários tipos de pós e cada um é designado para o tipo de trabalho a ser feito. Porém, muito cuidado ao manusear certos tipos de pós com energias negativas dentro de casa, pois quaisquer resquícios podem causar um grande problema.

Raspa de veado, assafétida, aniz estrelado, pó de mico

Esses itens são bastante usados em algumas defumações especiais e em vários tipos de trabalhos. Deve ser usado sob a supervisão do

chefe do terreiro, de uma entidade ou de uma pessoa com bastante conhecimento no assunto.

Sementes de frutas secas

São usadas nas confecções de guias e colares de Umbanda, indicadas pelas próprias entidades e também em simpatias para diversos fins.

Conchas do mar, rio ou praia

Também são usadas nas confecções de guias e colares de Umbanda, indicados pelas próprias entidades. Às vezes, são preparadas como talismã para atrair sorte à pessoa que usa.

Vassoura de pano, carqueja, guanxuma, cambuí

Espécie de vassoura que muitos chefes de terreiros usam em trabalhos de limpeza em residências, comércios ou pessoas.

Morim

É uma espécie de tecidos colorido usado para fazer pano de cabeça, vassoura de pano, além de servir também para fazer mesa ou enrolar trabalhos para as entidades.

Breu, incenso, benjoim

São ótimos defumadores, podem ser usados sozinhos ou misturados com ervas secas.

Enxofre, mirra

São ótimos defumadores contra feitiços, espíritos sem luz e quiumbas.

Banha de ori, banha de carneiro

É uma espécie de gordura usada nos rituais de batizado, cruzamento e abertura dos chacras dos médiuns. Usa-se também nos cruzamentos de imagens, guias e nos assentamentos, tanto da direita como da esquerda.

Mel

Excelente condensador e atraidor de energias positivas. É usado em oferendas, trabalhos, banhos, rituais de abertura dos chacras, cruzamentos, assentamentos e pontos de forças.

Banho de sal grosso (descarga)

Por ser um elemento muito poderoso, pode ser usado sozinho e também acrescentado em banhos de ervas para limpeza e descarrego. Cuidado com o banho de sal. Tomado seguidamente enfraquece o espírito e desequilibra a imantação de defesa normal do corpo.

Óleo de dendê

Excelente condensador e repulsão de energias negativas. É usado em medicamentos, oferendas, trabalhos, rituais de abertura dos chacras, assentamentos, pontos de força e, em alguns casos, cruzamentos.

Dia de obrigação

É o dia em que todos os médiuns praticam certos rituais Umbandistas para cumprir suas obrigações com a religião e seus guias.

Condensadores e repulsadores de energias negativas

Entre muitos que existem, a água, a cachaça, o álcool, o éter, o óleo de dendê, o sal grosso, o carvão vegetal, a farinha de mandioca, o café em pó virgem etc., são os mais usados nos terreiros de Umbanda. Podem ser usados separadamente em pequenas vasilhas no congá e nos assentamentos, além de serem usados em magias, rituais, ecós e oferendas às entidades da esquerda e da direita.

Condensadores e atraidores de energias positivas

Entre muitos que existem, a champanhe, o mel, a farinha de milho, o perfume, a água etc., são os mais usados nos terreiros de Umbanda. Podem ser usados separadamente em pequenas vasilhas no congá e nos assentamentos, além de serem usados em magias, rituais, ecós e oferendas às entidades da esquerda e da direita.

Alguidar, Prato de barro

Usados para fazer cruzamentos e também como recipientes de comidas, oferendas, trabalhos e assentamentos de Exu e Pomba-Gira e alguns Orixás.

Gamela, prato de madeira

Vasilhas utilizadas para trabalhos, oferendas e assentamentos, principalmente de Xangô e Pretos-Velhos.

Panela de barro ou ferro

Serve para fazer trabalhos e assentamentos de Exu e Pomba-Gira.

Quartinha de barro ou louça

Vasilhas destinadas aos Orixás, Guias e Protetores de Umbanda, com água ou com outros elementos ligados aos mesmos, nos seus respectivos assentos. São usadas também para vários tipos de trabalhos, principalmente segurança.

Pembas coloridas

Serve para que as entidades risquem seus pontos de identificação por completo, sua origem, seu nome, sua falange, sua qualificação e seu grau de evolução. Além de serem usadas também para a imantação de certas forças e energias através de sinais, símbolos e escritas, confeccionados com as pembas de várias cores, e para cruzamentos.

Velas coloridas

São usadas para iluminar o congá, assentamentos e também são oferecidas aos Orixás, guias e protetores, em forma de pedidos ou agradecimentos por algum objetivo alcançado ou que se deseja alcançar. Muito usadas também para a conexão com anjos, arcanjos, seres que desencarnaram, e com sua própria alma.

Vela de sebo

Esse tipo de vela é usada somente para iluminar alguns tipos de trabalhos e magias da linha das almas e também para iluminar a casa ou assentamento das almas.

Lamparinas

Em desuso pela maioria dos terreiros de Umbanda, a lamparina a óleo era usada para iluminar o congá e os assentamentos da Linha de Esquerda. Para os que ainda usam, costuma-se dizer que ela traz a energia de um passado longínquo.

Charuto, cigarro, palheiro, cachimbo

Usados em oferendas, trabalhos, magias e principalmente pelas entidades, tanto da direita quanto da esquerda, incorporadas nos seus médiuns em dias de trabalhos.

Faca, obé, punhal

Objeto destinado ao assentamento de Exu e Pomba-Gira, podendo ser usado para sacrificar animais no assentamento, caso o terreiro pratique esse tipo de ritual.

Sacrifício, matança, imolação, abate, holocausto

Ritual praticado em alguns terreiros de Umbanda cruzada, onde se sacrificam alguns tipos de animais, no assentamento da Linha de Esquerda, ou seja, no ponto de força.

Pompas fúnebres

Ritual realizado obrigatoriamente após o falecimento do chefe do terreiro ou de algum médium, que faça parte da corrente mediúnica do terreiro.

Acará

Usados por muitos chefes de terreiros, são pedaços de algodão embebidos em azeite de dendê ou álcool, que, em chamas, faz com que os médiuns possuídos com seus Exus e Pombas-Giras, os coloquem na boca para confirmar sua presença.

Babá, Babalaô, Babalorixá, Yalorixá, Mãe de Santo, Pai de Santo, Cacique, Chefe de Terreiros, Zelador de Santo, Mãe no Santo, Pai no Santo

São nomes pelo qual, na maioria das vezes, são chamados os dirigentes de tendas, centros e terreiros de Umbanda.

Oferendas

Têm o poder de ativar as forças da natureza, dos Orixás, Entidades, guias, protetores e principalmente a fé interior de cada ser humano.

É um dos métodos mais práticos de ativar as energias positivas, a autoconfiança e a convicção de que será alcançado o desejo pedido. (Não esqueça de que, na hora da entrega, você deve saudar, chamando pelo nome, a entidade que esta sendo ofertada, direcionando a oferta e os pedidos a ela, caso contrário, você não terá retorno algum, fazendo com que a oferta fique sem nenhum valor.)

Se a entrega for feita em algum ponto de força da natureza referente à entidade, você deverá também saudar as outras entidades que pertencem a esse mesmo ponto de força, pedindo licença para arriar a oferenda, trabalho ou agrado à entidade escolhida por você.

Ecós

São condensadores, atraidores e repulsadores de energias positivas e negativas, são feitos em vasilhas pequenas à base de: água, mel, óleo de dendê, perfume, farinha de mandioca, farinha de milho, cinzas, sal etc., mantidos no congá e nos assentamentos da Linha de Esquerda, consecutivamente.

Magia

É o ato de acreditar nas forças sobrenaturais, evocando poderes, mistérios, ativando e desativando as forças da natureza. É constituída de vários e diferentes tipos de práticas, rituais e cerimônias, como fazer uma oferenda, acender uma vela, desejar um bom Axé a outros, fazer o sinal da cruz, carregar algum tipo de talismã, fazer uma simpatia etc. Tudo é magia e, para a magia, saber é poder.

Magia branca

É a magia destinada ao bem das pessoas, realizada com métodos naturais. Bastante conhecida e usada nos terreiros de Umbanda pelos Caboclos, Pretos-Velhos, Boiadeiros, Marinheiros, Cosmes, Ciganos, Exus e Pombas-Giras.

Magia negra

É a magia destinada ao mal das pessoas, realizada por pessoas inescrupulosas, com métodos e artifícios do astral inferior e com a assistência de espíritos inferiores e magos negros.

Imantação

Ritual mágico utilizado pelo chefe do terreiro de Umbanda ou pela sua entidade, com o propósito de imantar, atrair ou armazenar em um local ou objeto energias positivas e forças magnéticas.

Benzimentos

É um tipo de magia que se faz usando as energias de alguns ramos verdes, e, na maioria das vezes, usa-se também um copo de água, tesoura, faca, carvão, agulha, linha de costura, tecidos etc. Os médiuns ou entidades de Umbanda conseguem eliminar muitos males dos corpos das pessoas com esse tipo de magia, ritual e orações.

Fechamento do corpo

Antigo ritual praticado pelos umbandistas onde se usa chave, cadeado, corrente, ervas e oferendas, com a finalidade de fechar o corpo da pessoa contra todo o tipo de mal, visível e invisível. Seu resultado é comprovado por muitos, com sucesso absoluto.

Choque de retorno

É a carga negativa que uma pessoa ou médium qualquer recebe por ter feito ou desejado algo de mal a outrém.

Banhos de descarga

São ótimos descarregadores de fluidos pesados, de uma pessoa que pode estar infectada com larvas astrais, miasmas, olho grosso, inveja, perturbação espiritual etc., ou até mesmo por estar recebendo algum trabalho realizado com fim maldoso. Os banhos de ervas e o banho de sal grosso são os mais indicados. Existem também os banhos de mar, rio, chuva, cachoeira e metais.

Defumações, incensos

Assim como os banhos de ervas, as defumações e os incensos também têm as mesmas funções, são ótimos descarregadores de fluidos pesados de uma pessoa ou casa que podem estar infectadas com larvas astrais, miomas, olho grosso, inveja, perturbação espiritual etc.

Pólvora, fundanga, tuia

Muito usado em ponto de fogo, é um dos recursos mais eficazes e utilizados dentro do ritual Umbandista para um descarregamento total da pessoa ou de uma casa. É efetuado com pólvora e pemba, e serve para as mais diversas finalidades, como desmanchar feitiços enviados por algum desafeto ou pelos magos negros do astral, direcionados a uma determinada pessoa ou casa.

Ervas, raízes, plantas, flores

Usadas para confeccionar o Amaci (mieró), das quais se tiram o sumo para ser colocado na cabeça do médium. Devem ser colhidas pela manhã bem cedo e sua preparação deve ser feita por pessoas capacitadas.

É usado na cabeça do médium sempre que houver necessidade de reforçar seu cruzamento ou adicionar força e energia, tanto ao médium como à sua entidade. São usadas também em defumações e banhos de descarga.

Algumas ervas

Folha de amendoim, folha da pimenteira (todos os tipos), folha de limoeiro, folha de laranjeira azeda, folha da amoreira, folha de batata inglesa, folha de milho verde, folha do marmelo, couve, urtiga, guiné (todos os tipos), hortelã, barba de milho, manjericão, manjerona, quebra-tudo, guanxuma, carqueja, arnica, dólar, fortuna, dinheirinho, alevante, orô, aroeira, folha de mamona verde, folha de mamona roxa, brinco de princesa, arruda (macho e fêmea), malva cheirosa, alecrim, funcho, cidreira, cidró, pitangueira, rosas e cravos (todos os tipos),

espada de são Jorge, espada de santa Bárbara, lança de são Jorge, copo de leite, girassol, trevo, melissa, laranjeira, quebra-inveja, eucaliptos, anis, alecrim do campo, carqueja, folha da bananeira, alfazema, folha do fumo, samambaia, boldo (tapete de oxalá), marcela, jasmim, parreira, pata de vaca, abacateiro, são gonçalino, romã, quebra-pedra, camomila, agrião.

Pontos cantados

São como mensagens, preces, orações e tem a função de harmonizar a energia e frequência dos médiuns com suas entidades. São tão importantes que em terreiros evoluídos existem um coral para entoar os pontos da melhor forma, harmonia e energia possível durante os trabalhos ou giras.

Pontos riscados

Os pontos riscados têm a finalidade de identificar por completo a entidade incorporada na matéria: sua origem, seu nome, sua falange, sua qualificação e seu grau de evolução, além de serem usados também em magias para a imantação de certas forças e energias através de seus sinais, símbolos, signos e escritas. Todo chefe de terreiro tem como obrigação exigir das entidades dos seus médiuns que risquem seu ponto cada vez que incorporarem. Isso é uma das leis da Umbanda que deve ser cumprida para evitar futuros transtornos para o médium, para o chefe do terreiro e para o terreiro.

Reino, pontos de força das entidades

Praia, mar, rio, riacho, cachoeira, lagoa, mato, bosque, encruzilhadas afastadas, cemitério, jardim, praça, campestre, estradas, pedreiras, montanhas, campo aberto, trevos etc. Esses pontos são ótimos para se levar oferendas e agrados às entidades.

Porém, sempre que penetrar nesses pontos de força para fazer uma determinada oferenda, trabalho ou agrado, deve-se primeiro pedir licença às entidades que pertencem ao local, saudando-as. Se não souber seus nomes, diga apenas assim: "Salve o povo da rua, Salve o povo da praia, Salve o povo da mata, Salve o povo do cemitério etc.", conforme o local que você estiver.

Tambor, atabaque

Para os terreiros que usam, o tambor tem a finalidade de junta e harmonicamente com os pontos cantados, abrir a consciência dos médiuns, facilitando seu relaxamento para poderem incorporar suas entidades com mais vibração. Porém, deve ser tocado suavemente e em harmonia com os pontos, mantendo o nível do som do tambor na mesma altura dos pontos cantados. Após o término dos trabalhos, o tamboreiro deve afrouxar as cordas do tambor, deitá-lo no chão ou em cima de uma banqueta ou cadeira e cobri-lo com um pano, de preferência branco.

Tamboreiro, alabê, ogã

Pessoa preparada para tocar o tambor ou atabaque durante uma gira de Umbanda ou da Linha de Esquerda. Essa pessoa deve ser honesta, trabalhadora, educada, ter os cruzamentos necessários para um

tamboreiro, compromisso, conhecer os pontos cantados, as batidas, as entidades, e saber que é ela quem segura a gira, tanto da direita quanto da Linha de Esquerda. Uma gira bem tocada e bem cantada facilitará a incorporação dos médiuns, ajudando no desenvolvimento de um ótimo trabalho espiritual.

Cruzamento do tambor ou atabaque

Ritual realizado para cruzar o tambor ou atabaque deixando-o qualificado e energizado para tocar giras de Umbanda ou da Linha de Esquerda.

Ponto de louvor ao tambor ou atabaque

Toca tambor
toca pra mim
toca atabaque
que eu canto pra ti
toca tambor
toca pra mim
toca atabaque
que eu canto pra ti
atabaque de pau
atabaque de couro
atabaque que veio trabalhar
o atabaque é a força da Umbanda
o atabaque é a força da quimbanda.

Agê, chocalho

Porongo coberto com renda de contas ou missangão, usado como instrumento musical juntamente com o tambor na hora de cantar os pontos.

Agogô

Usado em alguns terreiros, é um instrumento musical, composto de duas campânulas de ferro, de tamanho desigual, sobre as quais se bate com uma vareta do mesmo material. Acompanha o chocalho e o tambor.

Ponteiras de aço, punhal

São usadas como para-raios nas giras de Umbanda e sua Linha de Esquerda. Nelas são descarregadas todas as energias negativas dissolvidas dos corpos das pessoas que estão sendo vítimas de ataques do astral inferior, além de servir também para a segurança total dos médiuns de trabalho e do terreiro - quando a entidade risca o ponto e firma com a ponteira.

Guia de Umbanda

É um colar feito de caroços, sementes, favas, raízes, plantas, alguns objetos do mar e rio etc., substituídos na maioria dos terreiros por miçangas coloridas de vidro ou leitosa. Servem como instrumento de defesa e para as entidades, guias e protetores do médium em ocasiões especiais de trabalhos, como entrar em contato com vários tipos de energias negativas. Têm que ser preparados e bem feitos, conforme ditado pelas entidades. Guia também é o nome pelo qual é chamado um protetor de Umbanda.

Imagens de gesso, madeira e metal

Servem como representações dos Orixás, guias e protetores de Umbanda, além de serem excelentes catalisadores de energias. São usadas como ponto de apoio para o médium obter melhor e maior concentração na hora dos rituais, tendo as imagens como uma base para direcionar seus pensamentos. O mesmo vale para as orações, preces de abertura e encerramento dos trabalhos, que são os elos entre as entidades e os médiuns. Impõem respeito e induzem os frequentadores do terreiro a uma postura silenciosa.

Roupas brancas

Vestimenta que todo médium deve usar nas horas de trabalhos dentro do terreiro de Umbanda em gira da direita. É uma cor de defesa, que repele todas as frequências e energias negativas.

Roupa vermelha e preta

Vestimenta que todo médium deve usar nas horas de trabalhos dentro do terreiro de Umbanda em gira da Linha de esquerda. Principalmente por serem cores mais densas, de baixa frequência, absorventes e, no caso do preto, pela sua ausência de cores. Também podem ser usadas outras cores, se assim a entidade desejar.

Palha da costa

É um tipo de palha, originária da costa da África, muito usada pelos umbandistas e africanistas em forma de trança amarrada nos braços ou pernas com a finalidade de afastar os maus espíritos. Essa trança é chamada de contra-egum.

Utensílios ou paramentos usados por algumas entidades

Chapéu, Capa, coroa, bengala, guia imperial, calçados, lenço, capacete, cocar de penas, leque etc.

Pombo branco

Ave sagrada na religião de Umbanda que representa Oxalá, o Divino Espírito Santo, paz e misericórdia.

Animais de duas patas

São animais usados em sacrifícios no assentamento de Exu e Pomba-Gira. Ex: galinha, galo, angolista fêmea, angolista macho, peru fêmea, peru macho, pombo fêmea, pomba macho, ganso fêmea, ganso macho. Esse ritual é usado somente em terreiros de Umbanda cruzado, na Umbanda pura não se sacrifica nenhum tipo de animal.

Animais de quatro patas

São animais usados em sacrifícios no assentamento de Exu e Pomba-Gira. Ex: cabrito, cabrita, leitão, leitoa, vaca e boi. Esses animais,

na hora do sacrifício, devem estar sempre acompanhados de animais de duas patas, no mínimo uma ave para cada quatro pés. Esse ritual é usado somente em terreiros de Umbanda cruzado, na Umbanda pura não se sacrifica nenhum tipo de animal.

Preces e orações umbandistas

É um dos meios mais práticos e rápidos de se fazer contato com as entidades de Umbanda, e também uma das formas mais fáceis de dissolver os problemas do dia a dia e até mesmo feitiços, desde que seja feito com fé.

Consciência religiosa

Dentro da Umbanda pode ser o mesmo que conhecimento, percepção, pensamento e análise de tudo o que se passa em nossa mente em relação a tudo, principalmente à espiritualidade.

Hino da Umbanda

Louvor que se deve cantar após o encerramento dos trabalhos ou em dias de festas e homenagens no terreiro.

Pai Nosso de Umbanda

Oração que deve ser feita no início ou no final dos trabalhos no terreiro de Umbanda.

Flores

São usadas como enfeites no congá de Umbanda, durante os trabalhos. Servem para harmonizar e perfumar o recinto com seus perfumes característicos.

Perfumes e essências

Servem para purificar e perfumar o ambiente durante os trabalhos de Umbanda. O mais indicado é a alfazema ou alecrim, usados também em oferendas, principalmente para entidades de praia.

Axorô, menga, ejé

É o sangue do animal de duas ou quatro patas sacrificado em rituais de assentamento ou trabalhos na Linha de Esquerda, ainda usados por muitos umbandistas.

Umbanda branca

É o mesmo que Linha Branca de Umbanda. É uma linha de trabalho que não faz uso de entidades da Linha de Esquerda, sangue, sacrifício de animais, cobrança, amarração, separação e qualquer tipo de ritual ou trabalho para o mal.

Umbanda cruzada

Nome pelo qual a maioria das casas de Umbanda pertence ou são chamadas hoje. Trabalham com várias linhas, principalmente com a Linha de Esquerda, podendo ou não fazer sacrifícios de animais, trabalhos, magias e cobranças, mas de maneira alguma fazem amarração, separação, ritual ou trabalhos para o mal.

Passes de corrente

Forma que as entidades usam para aliviar doentes, obsediados, cargas ou energias negativas das pessoas. A aplicação dos passes serve para reabastecer as energias perdidas.

Passes individuais

São para pessoas que estão muito carregadas, às vezes até vítimas de algum feitiço ou de algum espírito obsessor, sendo necessário um tratamento com passes individuais que será ministrado por um ou mais guias, qualificados para tal fim.

Passes ou proteção nas roupas

Ritual realizado depois dos passes nas crianças e adultos. Na maioria dos terreiros as roupas são colocadas no chão e todas as entidades juntas em volta das roupas dão sua proteção.

Em alguns terreiros as roupas passam pelas mãos das entidades para darem sua proteção. Junto com as roupas podem ser passados também objetos como carteira de dinheiro, carteira de trabalho etc.

Sonhos

É um dos meios mais fáceis e práticos que entidades entram em contato com o seu médium. Por isso, todo médium umbandista deve dar muita importância e atenção ao seu sonho.

Aura Protetora

- Aura de cor branca: a irradiação dessa cor só foi conseguida por nosso senhor Jesus cristo.
- Aura de cor amarela: esta irradiação é conseguida por nossos orixás de primeiro plano, e os santos.
- Aura de cor azul: é a irradiação conseguida pelos orixás menores, guias e protetores.
- Aura de cor verde: é a irradiação dos caboclos e Pretos-Velhos, com a nobre missão da prática do bem.
- Aura de cor alaranjada: de modo geral é a dos habitantes deste planeta. Alguns poderão conseguir a cor verde ou mesmo a cor azul, tudo depende do grau de abnegação e desprendimento da vida material.
- Aura de cor vermelha: é irradiada pelos Exus e Pombas-Giras, espíritos em evolução.
- Aura de cor preta: é irradiada pelos quiumbas, espíritos atrasadíssimos, e também alguns homens que habitam o nosso planeta.

Exus, Pombas-Giras

Almas desencarnadas portadoras de muita luz, que trabalham na Linha de Esquerda da religião de Umbanda, em estágios de evolução.

Exus Mirins

São exus que se apresentam em formas infantil ou juvenil, considerados servidores das crianças (cosmes). Ex: Exu Brasinha, Exu Mirim, Exu Toquinho etc.

Pretos-Velhos

Almas desencarnadas de altíssima evolução, portadoras de muita luz, que trabalham nos terreiros de Umbanda. Representam fé, humildade e sabedoria.

Boiadeiros, Marinheiros, Caboclos, Baianos

Almas desencarnadas de altíssima evolução, portadoras de muita luz, que trabalham nos terreiros de Umbanda. Representam simplicidade, energias e as forças da natureza.

Ibeji, Erês, Cosmes

Almas desencarnadas de crianças, portadoras de muita luz, que trabalham nos terreiros de Umbanda. Suas incorporações repletas de brincadeiras e traquinagens representam a inocência, pureza e alegria que devemos ter conosco e com nossos irmãos.

Saravá, salve, compadre, comadre

Termo utilizado pela maioria das entidades de Umbanda para se cumprimentarem entre si e entre seus fiéis.

Mandinga, mironga

É o mesmo que feitiço mental, verbal, físico, encantamento, coisa feita, magia, trabalho em segredo, praga rogada, ritual com fins maldosos etc.

Saudação a Exu

Exu ê, alupandê exu, salve exu, essuiá, exu ria, laroiê-exu, mojubá-exu, alupô exu, babá exu, agô exu, lalupô exu, saravá exu, compadre.

Saudação a Pomba-Gira

Alupandê Pomba-Gira, salve Pomba-Gira, laroiê Pomba-Gira, mojubá Pomba-Gira, alupô Pomba-Gira, agô Pomba-Gira, lalupô Pomba-Gira, saravá Pomba-Gira, exu mulher, comadre.

Saudação aos Caboclos

Okê caboclo.

Saudação aos Pretos-Velhos

Salve as linhas das almas, salve as linhas africanas, salve os Pretos-Velhos, salve os africanos, adorei as almas, saravá, bênção vovô, vovó, pai, mãe, tio, tia.

Saudação aos Cosmes

Salve cosme, damião e doum, salve os erês, salve os ibejís, oni beijada.

Saudação aos Boiadeiros

Jetuá boiadeiro.

Saudação aos Marinheiros

Salve a marujada.

Saudação aos Baianos

É da Bahia.

Saudação aos Ciganos

Salve o povo cigano, Arriba, Oriô povo cigano.

Saudação a Ogum

Ogunhê, Ogum iê.

Saudação a Iansã

Eparrei Iansã.

Saudação a Xangô

Kaô Kabecilê.

Saudação a Oxóssi

Okê caboclo.

Saudação a Oxum

Oraiê iêo Oxum, Aiê ieu Oxum.

Saudação a Iemanjá

Odoyá iemanjá, Omio odô.

Saudação a Nanã Buruquê

Salubá Nanã.

Saudação a Oxalá

Epa babá.

Saudação a Omolu

Atotô meu Pai.

Saudações gerais

Salve o povo das estradas, salve o povo das encruzilhadas, salve o povo da rua, salve o povo da mata, salve o povo das águas, salve o povo das almas, salve o povo do cemitério, salve o povo da Calunga, salve o povo do oriente, salve o povo das pedreiras, salve os guias de Umbanda, salve as entidades de Umbanda, salve os mensageiros de Umbanda, salve os orixás, salve o povo das crianças etc.

Símbolos e instrumentos sagrados

Corrente, ponteira, tridente, chave, punhal, coração, cruz, estrelas, vela, lança, cachimbo, círculo, triângulo, bengala, lua, sol, tesoura, figa, espiral, bastão, arco e flecha, caixão, caveira, degraus com uma cruz, machado, agulha, dedal, foice, gadanha, espada, raio, taça, balança, ancora, ondas do mar, cobra etc.

A maiorias desses símbolos é usada pelas entidades de Umbanda na hora de riscarem seus pontos, e trazem em si muitos significados tanto no plano astral quanto no nosso plano terrestre. São passados a nós pelas nossas próprias entidades, para que possamos usufruí-los melhor.

Ferramentas de trabalho das entidades

Punhal, ponteira, tábua para riscar ponto, pemba, espada de são Jorge ou santa Bárbara (planta), penachos, cocares, perfumes, guias, defumações etc.

Itens usados em oferendas

Milho torrado, batata inglesa assada e cozida, salada verde, ovo, cebola, pimentão, costela de gado assada, bife de carne de porco e gado, peixe, camarão, batata doce assada e cozida, bandeja de papel, folha de mamoneiro, papel de seda, cigarro de palha, charuto de fumo picado, charuto comum, baião de dois, feijoada com carne de sol, coco fresco, ralado, seco ou em fatias, farofa com charque, cachaça pura, batidas ou bebidas fortes, champanhe, velas, perfumes, incensos, essências, frutas (todas), flores, arruda, mel, óleo de dendê, pão, água mineral, guaraná, canjica amarela, canjica branca, canjica com leite, manjar,

pudins, geleias, feijão mexido com farinha de mandioca temperado e bem acebolado, alface, couve, leite de coco, milho em espiga, farinha de mandioca torrada, farinha de milho com mel, farinha de mandioca com mel, rapadura, cocada, pé de moleque, banana, amendoim, queijo ralado, pirão feito de farinha de mandioca e café, polenta, pipoca, pipoca caramelada, milho de galinha, bala de coco, bala de mel, pirulitos, bombons, arroz com leite, doce de leite, ambrosia, pirão de farinha de milho ou mandioca enfeitado com caruru, quiabo ou mostarda refogado no molho de tomate, cebola, alho e pimentão, merengues, quindins, cremes, caramelos, cravo, canela, açúcar mascavo, bolos, guloseimas em geral, gelatinas, mingau, milho cozido em espigas, etc. Podem também ser usado qualquer tipo de brinquedo nas oferendas aos Cosmes.

Algumas cores das entidades

Oxalá – Branca Leitosa
Iemanjá – Azul claro leitoso
Nanã Buruquê – Lilás
Xangô – Marrom
Oxossí – Verde
Oxum – Amarelo (azul, para alguns)
Iansã – Amarelo dourado (vermelha e branca, para alguns)
Ogum – Vermelha, verde e branca (azulão ou vermelha, para alguns)
Cosmes – Rosa, azul
Pretos-Velhos – Branca ou branca e preta
Omolu – Branca e preta
Exu – Preta e vermelha
Pomba-Gira – Vermelha e preta ou só vermelho
Eguns – Preta, lilás, roxa

Boiadeiros – Branca
Marinheiros – Azul
Ciganos – Todas as cores menos preto
Baianos – Branca

Dias da semana para Umbanda e Candomblé:

Segunda-feira – Exu, Pomba-Gira, Obaluae, Omolu, Pretos-Velhos (Iorumá) e almas aflitas

Terça-feira – Ogum, boiadeiros e Baianos

Quarta-feira – Xangô e Iansã

Quinta-feira – Oxossi, Caboclos e Caboclas

Sexta-feira – Oxalá, Almas Santas e Linha do Oriente liderada por São João Batista

Sábado – Iemanjá, Oxum, Nanã Buruquê, Ondinas, Sereias, Caboclas, Iaras e Marinheiros

Domingo – Iori (Cosme e Damião), Crianças e Ibejadas e Nanã Buruquê

Ponto de cruzamento de médiuns

Cruza recruza
Esse filho de Umbanda
Cruza recruza
Esse filho de Pemba
Cruza recruza
Na Linha de Umbanda
Cruza recruza
Na Linha de Pemba.

Ponto de cruzamento de materiais na Umbanda

Cruza, recruza
Na Linha de Umbanda
Cruza, recruza
Na Linha de Pemba.

Ponto de cruzamento de materiais na Linha de Esquerda

Cruza, recruza
Na Linha de Esquerda
Cruza, recruza
Na Linha de Pemba.

Ponto de batismo

João Batista batizou
Jesus Cristo no Jordão
Hoje é esse (s) filho (a) (s)
Que recebe esta benção.

Pontos de coroação

Coroa, coroa este filho de Umbanda
Coroa, coroa na lei de Umbanda
Coroa, coroa pra vencer Demanda
Coroa, coroa este filho de Umbanda

A minha coroa está no céu
A sua também está
mas para ti possuí-la
muito amor tu tens que dar
salve a Mãe Oxum
salve a Mãe Iemanjá
salve a coroa do Pai Oxalá
salve a Mãe Oxum
salve a Mãe Iemanjá
salve a coroa do Pai Oxalá.

Livros

Biblioteca particular contendo vários tipos de livros sobre Umbanda, espíritas e espiritualistas que todos os médiuns, babalorixás, caciques ou chefes de terreiros devem ter em suas casas. Principalmente as obras mediúnicas de Allan Kardec, e de outros grandes escritores espíritas, pois seus livros são muito importantes para o aprendizado mediúnico, independente de religião.

Alguns títulos de livros indicados

Mediunidade, um mergulho no mundo oculto dos terreiros
Tudo que você precisa saber sobre Umbanda
Como descobrir e cuidar dos ciganos dos seus caminhos
Reflexo de um passado
É preciso saber viver
Enquanto houver sol
Mercador da fé
Fisiologia da alma

O segredo de uma amizade
Orixás na Umbanda
Umbanda de todos nós
Exu, o grande arcano
Catecismo de Umbanda
Magia de Umbanda
A Umbanda e as suas ordens
Umbanda a caminho da luz
Umbanda: crença saber e pratica
Conheça seu Orixá
Conselhos de um Preto-Velho
Doutrina e teologia de Umbanda sagrada
Maria Molambo na sombra e na luz
Os conjuros de Maria Padilha
Ciganos do passado, espíritos do presente
Mistérios do povo Cigano
Ciganos: a realidade
A linha do oriente na Umbanda
O livro de Exu
Banhos de descarga e amacís
Banho de descarga
Plantas que curam e cortam feitiços
Aruanda
Tambores de Angola
A missão da Umbanda
Vozes de Aruanda
Jardim dos Orixás
Magias da Umbanda
Umbanda dos Pretos-Velhos
No reino dos Pretos-Velhos

O guardião da meia noite
Mandinga
O guardião Sete Cruzes
Marabô, o guardião das matas
No reino dos Exus
Umbanda, defumações banhos, rituais, trabalhos e oferendas
Exu, Pomba-Gira e seus Axés
Ciganos, magias do passado de volta ao presente
Pomba-Gira e seus assentamentos
Exu e seus assentamentos
Preto-Velho e seus encantos
A magia de são Cosme e são Damião
Ilê axé Umbanda
Baratzil, a terra das estrelas
Umbanda, essa desconhecida
Umbanda pé no chão
Magia de redenção
A sobrevivência do espírito
Mediunidade Medicina
Desobsessão e apometria
Apometria: novos horizontes da medicina espiritual
Espírito Matéria: novos horizontes para a medicina
Energia e espírito.

Ervas de Exu

Folha de amendoim, folha da pimenteira (todos os tipos), folha de limoeiro, folha de laranjeira azeda, folha da amoreira, folha de batata inglesa, folha de milho verde, folha do marmelo, couve, urtiga, guiné, hortelã, barba de milho, manjericão, manjerona, quebra-tudo, guanxuma, carqueja, arnica, dólar, fortuna, dinheirinho, alevante, orô, aroeira, folha de mamona verde, folha de mamona roxa, brinco de princesa etc.

Oferenda de Exu

Material necessário:
- Uma garrafa de cachaça;
- Sete velas, pretas e vermelhas;
- Uma caixa de fósforos;
- Um quilo de milho de galinha;
- Duas folhas de papel de seda, vermelha e preta, ou folhas de mamoneiro;
- Uma bandeja de papel média;
- Sete batatas inglesas pequenas;
- Sete moedas de qualquer valor;
- Sete balas de mel;
- Um charuto;
- Óleo de dendê.

Modo de fazer:
Primeiramente cozinhe as batatas inglesas, após, com as batatas ainda quentes, descasque-as e amasse-as em um prato com uma colher, formando um purê. Seguindo em frente, com as mãos pegue o purê ainda quente e molde uma chave.

Pegue o milho de galinha, escolha-os para tirar os resíduos e os quebrados, coloque na panela com um pouquinho de água, deixe no fogo até secar a água e torrar o milho, deixando-os bem escuro. Durante esse processo, com uma colher de pau, vá mexendo o milho na panela para não queimar. Depois de pronto, após esfriar, pegue a

bandeja, enfeite com os papéis de seda ou com as folhas de mamoneiro e coloque o milho dentro. Coloque em cima do milho a chave de batata inglesa pintada com óleo de dendê (molhe o dedo no óleo de dendê e passe na chave), ao redor da chave crave no milho as sete moedas em pé como se fosse rolar ao encontro da chave, que está no centro da bandeja.

Coloque as balas de mel descascadas ao redor, nos vãos entre uma moeda e outra e pronto.

Pegue a bandeja e os outros itens e leve tudo para uma encruzilhada aberta, longe de residências.

Chegando no local determinado, salve a encruzilhada, saudando também o Exu que você for fazer a entrega. Coloque a bandeja num dos cantos da encruzilhada, pegue a cachaça, abra e vire um pouco no chão em forma de cruz ao lado da bandeja, saudando e chamando pelo Exu escolhido para que receba a oferenda, e deixe a cachaça em pé ao lado da bandeja.

Acenda o charuto e de três baforadas para cima. Faça seus pedidos ao Exu para que abra aquilo que você necessita no momento. Deixe o charuto aceso em cima da caixa de fósforos semiaberta ao lado da cachaça.

Acenda as velas em volta de toda a oferenda circulando-a, não muito próximo para evitar que caiam e pegue fogo na oferenda.

Repita o pedido e retire-se dando alguns passos para trás. Vire-se e volte para casa sem olhar para trás.

Se você tiver assentamento de Exu em casa pode arriar neste assentamento e deixar três dias velando com as sete velas intercaladas e depois despachar em uma encruzilhada. A cachaça pode ficar para ser usada no assentamento.

Esta oferenda pode ser feita a qualquer Exu.

Ponto de Exu

Seu Tranca Rua das almas
e a Pomba-Gira mulher
Seu Tranca Rua das almas
e a Pomba-Gira mulher
Oh! Venha ver
a oferenda que eu vou fazer
para saudar o povo de Alupandê
venha beber, venha beber
venha fumar, venha fumar
venha saudar o povo de Alupandê
venha beber, venha beber
venha fumar, venha fumar
venha saudar o povo de Alupandê.

Ervas de Pomba-Gira

Folha de amendoim, folha da pimenteira (todos os tipos), folha de limoeiro, folha de laranjeira azeda, folha da amoreira, folha de batata inglesa, folha de milho verde, folha do marmelo, couve, urtiga, guiné, hortelã, barba de milho, manjericão, manjerona, quebra-tudo, guanxuma, carqueja, arnica, dólar, fortuna, dinheirinho, alevante, orô, aroeira, folha de mamona verde, folha de mamona roxa, brinco de princesa etc.

Oferenda de Pomba-Gira

Material necessário:
• Duas gemas de ovo cru, sem a clara;

- 500 gramas de farinha de milho grossa ou média;
- Uma maçã;
- Uma rosa vermelha sem espinho;
- Óleo de dendê;
- Sete velas, vermelhas e pretas;
- Uma caixa de fósforos;
- Uma cigarrilha;
- Um champanhe;
- Duas folhas de papel de seda, vermelha e preta, ou folhas de mamoneiro;
- Sete moedas de qualquer valor;
- Sete balas de mel;
- Uma bandeja de papel média.

Modo de fazer:

Misture na farinha de milho um pouco de óleo de dendê e as gemas de ovo até virar uma farofa bem soltinha. Pique a maçã com casca bem miudinho e misture bem na farofa.

Enfeite a bandeja com os papéis de seda ou com as folhas de mamoneiro e coloque a farofa pronta na bandeja.

Bem no meio da bandeja coloque a rosa vermelha. Ao redor da bandeja crave na farofa as sete moedas em pé como se fossem rolar ao encontro da rosa vermelha que está no centro da bandeja. Coloque também as balas de mel descascadas ao redor, nos vãos entre uma moeda e outra e pronto.

Pegue a bandeja e os outros itens e leve tudo para uma encruzilhada aberta ou em forma de (T), longe de residências.

Chegando no local determinado, salve a encruzilhada, saudando também a Pomba-Gira que você for fazer a entrega. Coloque a bandeja em um dos cantos da encruzilhada, pegue a champanhe, abra e vire um

pouco no chão em forma de cruz ao lado da bandeja saudando e chamando pela Pomba-Gira escolhida para que receba a oferenda, e deixe a champanhe em pé ao lado da bandeja. Acenda a cigarrilha e dê três baforadas para cima, faça seus pedidos à Pomba-Gira para que ela abra aquilo que você necessita no momento.

Deixe a cigarrilha acesa em cima da caixa de fósforos semiaberta ao lado da champanhe. Acenda as velas em volta de toda a oferenda circulando-a, não muito próximo para evitar que caia e pegue fogo na oferenda.

Repita o pedido e retire-se dando alguns passos para trás, vire-se e volte para casa sem olhar para trás.

Se você tiver assentamento de Pomba-Gira em casa pode arriar no assentamento e deixar três dias velando com as sete velas intercaladas e depois despachar em uma encruzilhada.

A champanhe pode ficar para ser usada no assentamento.

Esta oferenda pode ser feita a qualquer Pomba-Gira.

Ponto de Pomba-Gira

Eu andava pela alta madrugada
pela alta madrugada
e no clarão da Lua uma mulher eu vi
vem cá morena formosa
vem me dizer quem tu és
tu és a dona da rosa
a Pomba-Gira mulher
vem cá morena formosa
vem me dizer quem tu és
tu és a dona da rosa
a Pomba-Gira mulher

rosa vermelha
rosa vermelha sagrada
rosa vermelha
a Pomba-Gira das sete encruzilhadas
ela vem girando, girando, girando
e dando risada
ela vem girando, girando, girando
e dando risada
mas, cuidado amigo, ela está de saia rodada
mas, cuidado amigo, ela está de saia rodada.

Ervas de Ogum

Guiné, orô, alevante, fortuna, arnica, cevada, carqueja, pata de vaca, alfafa, espada de são Jorge, lança de são Jorge, aipo, açoita cavalo, aroeira, quina do mato, folha da laranjeira, eucalipto, folha do limoeiro, folha do abacateiro, goiabeira, romã etc.

Oferenda de Ogum

Material necessário:
- Um pedaço de costela de gado que tenha três ossos da costela;
- Óleo de dendê;
- 500 gr. de farinha de mandioca;
- Uma laranja;
- Sete velas vermelhas, verdes e brancas;
- Uma caixa de fósforos;
- Uma cerveja branca;
- Um charuto;
- Sete balas de mel;

- Sete moedas de qualquer valor;
- Uma bandeja de papel média;
- Uma salada verde (a seu critério);
- Três folhas de papel de seda verde, vermelha e branca ou folhas de mamoneiro.

Modo de fazer:

Tempere a costela normalmente, acrescente o óleo de dendê e coloque para assar no forno. Faça uma farofa torrada com a farinha de mandioca.

Enfeite a bandeja com os papéis de seda ou as folhas de mamoneiro e coloque a salada verde em cima.

Distribua a farofa em cima da salada verde. No meio da bandeja coloque a laranja e a costela assada, uma ao lado da outra. Em volta da bandeja, crave as sete moedas na farofa como se fossem rolar para o centro da bandeja, distribua as sete balas de mel descascadas nos vãos entre uma moeda e outra, intercalando uma moeda e uma bala de mel.

Feito tudo isso, pegue a bandeja e o resto do material e leve a uma mata ou campestre limpo. Chegando no local, salve o povo da mata ou do local escolhido para a entrega e peça licença para arriar a oferenda ao Pai Ogum.

Escolha um lugar limpo e coloque a bandeja no chão, abra a cerveja e vire um pouco no chão em forma de cruz ao lado da bandeja, saudando-o e chamando-o para que receba a oferenda e deixa a garrafa em pé ao lado da bandeja.

Acenda o charuto, dê três baforadas para cima e faça seus pedidos ao Pai Ogum para que lhe dê aquilo que você necessita no momento.

Deixe o charuto aceso em cima da caixa de fósforos semiaberta ao lado da cerveja.

Acenda as velas em volta de toda oferenda, não muito próximo, para evitar que caiam e pegue fogo na oferenda.

Repita o pedido e retire-se dando alguns passos para trás, vire-se e volte para casa sem olhar.

Se você tiver congá em casa pode arriar ali e deixar três dias velando com as sete velas intercaladas e depois despachar em uma mata.

Esta oferenda pode ser feita a qualquer qualidade de Ogum.

Ponto de Ogum

Eu tenho sete espadas
pra me defender
eu tenho Ogum
em minha companhia
eu tenho sete espadas
pra me defender
eu tenho Ogum
em minha companhia
Ogum é meu pai
Ogum é meu guia
Ogum vai baixar
com a proteção
da virgem Maria.

Ervas de Oxossi

Folha da manga, folha da lima, folha da abóbora, guiné, orô, dinheirinho, lírio, folha do coqueiro, folha de aipim, folha de bananeira do mato, folha de butiá, caraguatá, pitangueira, sabugueiro etc.

Oferenda de Oxossi

Material necessário:
- Sete velas verdes, ou verdes e brancas;
- Uma caixa de fósforos;
- Um vinho tinto;
- Um charuto;
- Sete frutas de diferentes qualidades;
- Sete balas de mel;
- Sete moedas de qualquer valor;
- Uma bandeja média de papel;
- Papel de seda verde ou folhas de mamoneiro.

Modo de fazer:

Enfeite a bandeja com o papel de seda ou folhas de mamoneiro e distribua as frutas em cima da bandeja.

Pegue uma faca pequena e faça sete cortes pequenos em volta da bandeja (com a bandeja montada crave a faca furando o papel ou folha de mamoneiro. Cuidado: faça cortes pequenos somente para firmar as moedas em pé), crave as sete moedas nos cortes de maneira que fiquem de pé como se fossem rolar para o centro da bandeja, distribua as balas de mel descascadas em volta da bandeja, nos vãos entre uma moeda e outra, intercaladas.

Feito tudo isso, pegue a bandeja e o resto do material e leve para um mato ou local que tenha árvores.

Chegando ao local salve as entidades pertencentes e peça licença para arriar a oferenda ao pai Oxossi.

Escolha um lugar limpo e coloque a bandeja no chão, abra o vinho e vire um pouco em forma de cruz ao lado da bandeja saudando-o e

chamando-o para que receba a oferenda e deixe a garrafa em pé ao lado da bandeja.

Acenda o charuto, dê três baforadas para cima e faça seus pedidos ao Pai Oxossi para que lhe dê aquilo que você necessita no momento.

Deixe o charuto aceso em cima da caixa de fósforos semiaberta ao lado do vinho.

Acenda as velas em volta, não muito próximo, para evitar que caiam e pegue fogo na oferenda. Repita o pedido e retire-se dando alguns passos para trás, vire-se e volte para casa sem olhar.

Se você tiver congá em casa pode arriar ali e deixar três dias velando com as sete velas intercaladas e depois despachar em uma mata.

Esta oferenda pode ser feita a qualquer caboclo de mato.

Ponto de Oxossi

Quem manda na mata é Oxossi
Oxossi é caçador, Oxossi é caçador
eu vi meu pai assoviar
ele mandou chamar
é da Aruanda ê
é da Aruanda ah
seu pena branca
é na Umbanda ê
é da Aruanda ê
é da Aruanda ah
seu pena branca
é na Umbanda ê.

Ervas de Xangô

Guiné, quebra-inveja, anis, beldroega, orô, alevante, fortuna, trevo, agrião, quebra-pedra, caruru, quebra-tudo, folha de quiabo, folha de bananeira, mangerona, hortelã, manjericão, alecrim, para-raio etc.

Oferenda de Xangô

Material necessário:
- Sete velas marrons;
- Uma caixa de fósforos;
- Um charuto;
- Uma cerveja preta;
- Um copo virgem (pode ser de papel);
- Sete balas de mel;
- Sete moedas de qualquer valor.

Modo de fazer:
Pegue todo o material e dirija-se a uma pedreira ou local que tenha pedras.

Chegando ao local, salve todas as entidades pertencentes e peça licença para arriar a oferenda ao pai Xangô.

Escolha um lugar limpo e que tenha um pouco de terra ou areia que dê para cravar as moedas em pé, ou coloque um pouco de terra no local onde for arriar a oferenda.

Coloque uma bala de mel descascada e uma moeda com o número virado para cima dentro do copo, abra a cerveja e vire um pouco no chão em forma de cruz, saudando e chamando pai Xangô para que receba a oferenda. Coloque um pouco de cerveja no copo e deixe a garrafa em pé ao lado do copo.

Acenda o charuto, dê três baforadas para cima e faça seus pedidos ao pai Xangô para que lhe dê aquilo que você necessita no momento.

Deixe o charuto aceso em cima da caixa de fósforos semiaberta ao lado da cerveja.

Circule toda a oferenda com as seis moedas restantes cravando no chão ou terra como se fossem rolar em direção à garrafa de cerveja. Nos vãos entre uma moeda e outra coloque uma bala de mel descascada e também em cima da sua própria embalagem, ficando intercaladas uma moeda e uma bala.

Acenda as velas e circule tudo, não muito próximo para evitar que caiam e pegue fogo na oferenda.

Com tudo organizado, repita o pedido que quiser de acordo com a sua vontade, retire-se sem dar as costas à oferenda dizendo assim: "espero ser inteiramente atendido", vire-se e volte para casa sem olhar para trás.

Se você tiver congá em casa pode arriar no congá e deixar três dias velando com velas acesas intercaladas e depois despachar em uma pedreira ou local que tenha pedra.

Ponto de Xangô

Dizem que Xangô mora nas pedreiras
mas não é lá sua morada verdadeira
dizem que Xangô mora nas pedreiras
mas não é lá sua morada verdadeira
Xangô mora numa cidade de luz
onde mora santa Barbara
Oxum Maré e Jesus
Xangô mora numa cidade de luz
onde mora santa Barbara
Oxum Maré e Jesus.

Ervas de Iansã

Alfazema, cana do brejo, mal me quer, guiné, orô, alevante, fortuna, espada de santa Bárbara, folha da abóbora, alecrim, folha da batata doce, pitangueira, manjericão, folha de marmelo etc.

Oferenda de Iansã

Material necessário:
- Sete velas amarelo-ouro ou vermelhas e brancas;
- Sete morangos;
- Uma maçã;
- Pipocas;
- Uma caixa de fósforos;
- Sete balas de mel;
- Sete moedas de qualquer valor;
- Papel de seda amarelo-ouro ou vermelho e branco ou folhas de mamoneiro;
- Uma bandeja de papel grande.

Modo de fazer:
Enfeite a bandeja com o papel de seda ou folhas de mamoneiro e coloque as pipocas.

No centro da bandeja coloque a maçã e em volta coloque os morangos. Em volta da bandeja crave as sete moedas nas pipocas como se fossem rolar para o centro da bandeja em direção à maçã. Distribua as sete balas de mel descascadas nos vãos das moedas.

Com tudo organizado, pegue a bandeja e o resto do material e leve para uma mata bem aberta, campestre limpo ou campo.

Chegando ao local salve o povo da mata ou do local escolhido para a entrega e peça licença para arriar a oferenda a mãe Iansã.

Escolha um lugar limpo e coloque a bandeja no chão saudando e chamando pela mãe Iansã para que receba a oferenda.

Acenda as velas em volta de toda oferenda circulando-a, não muito próximo para evitar que caiam e pegue fogo na oferenda.

Faça seus pedidos à mãe Iansã para que lhe dê aquilo que você necessita no momento.

Deixe a caixa de fósforos semiaberta ao lado da bandeja, repita o pedido e retire-se dando alguns passos para trás, vire-se e volte para casa sem olhar.

Se você tiver congá em casa pode arriar e deixar três dias velando com as sete velas intercaladas e depois despachar em uma mata aberta, campestre aberto ou campo.

Ponto de Iansã

Iansã orixá da Umbanda
rainha do nosso congá
saravá Iansã lá na aruanda
eparrêi, eparrêi
Iansã venceu demanda
saravá mãe Iansã
saravá pai xangô
lá no céu um trovão clareou
e lá na mata um leão roncou
saravá Iansã, saravá Xangô
Saravá Iansã, saravá Xangô.

Ervas de Oxum

Alecrim, funcho, louro, guiné, orô, alevante, dinheirinho, fortuna, dólar, alecrim, alfazema, jasmim, lírio, amor perfeito, sândalo, funcho, sálvia, hortelã, manjericão etc.

Oferenda de Oxum

Material necessário:
- 350 gramas de canjica amarela;
- Dois ovos de galinha cozidos;
- Mel;
- Sete rosas amarelas;
- Sete balas de mel;
- Sete moedas de qualquer valor;
- Sete velas amarelas;
- Uma bandeja de papel alumínio média;
- Papel de seda amarelo ou folhas de mamoneiro;
- Uma caixa de fósforos.

Modo de fazer:
Cozinhe a canjica amarela com quatro colheres de mel e deixe escorrer bem o caldo ficando somente os grãos.

Enfeite a bandeja com o papel de seda amarelo ou folhas de mamoneiro e coloque a canjica.

Distribua em volta da bandeja, as balas de mel descascadas e as moedas cravadas na canjica como se fossem rolar para o centro da bandeja, intercalando-as.

Enfeite a bandeja com os ovos cortados em rodelas e as rosas amarelas. Por cima de tudo coloque um pouco de mel e está pronto.

Pegue a bandeja e o resto do material e leve para um rio ou uma cachoeira.

Chegando ao local salve o povo das águas e peça licença para arriar a oferenda a mãe Oxum. Coloque a bandeja no chão, próximo da água, chamando pela mãe Oxum para que receba a oferenda.

Acenda as velas em volta da bandeja circulando-a, não muito próximo para evitar que caiam e pegue fogo na oferenda. Deixe a caixa de fósforos semiaberta ao lado.

Faça seus pedidos à mãe Oxum para que lhe dê aquilo que você necessita no momento.

Lave as mãos, o rosto e as fontes na água, saudando a mãe Oxum.

Retire-se dando alguns passos para trás, vire-se e volte para casa sem olhar.

Se você tiver congá em casa pode arriar e deixar três dias velando com as sete velas intercaladas e depois despachar em uma cachoeira, rio ou local que tenha água doce e limpa.

Ponto de Oxum

Mamãe oxum, mamãe oxum
lá no infinito
ó vem ouvir, ó vem ouvir
o nosso pranto
nós te adoramos com amor
e com carinho
na esperança de cobrir
com vosso manto
baixai, baixai
ó virgem santa idolatrada
filhos de Umbanda

é que vos pede a benção
iluminai com vossa luz
nosso caminho
dando amor e paz
em nossos corações.

Ervas de Iemanjá

Cidreira, manjericão, anis, hortelã, guiné, orô, alevante, dinheirinho, fortuna, dólar, hortência, alfazema, amor perfeito, malva cheirosa, cidró, aguapé, boldo, camomila, saião, parreira, folha da bergamoteira etc.

Oferenda de Iemanjá

Material necessário:
- 350 gramas de canjica branca;
- Sete fatias pequenas de melancia ou laranja-lima;
- Mel;
- Uma flor dália ou palma ou rosa branca;
- Sete balas de mel;
- Sete moedas de qualquer valor;
- Sete velas azul-claros;
- Uma bandeja de papel alumínio média;
- Papel de seda azul-claro ou folhas de mamoneiro;
- Uma caixa de fósforos.

Modo de fazer:
Cozinhe a canjica branca com quatro colheres de mel e deixe escorrer bem o caldo, ficando somente os grãos.

Enfeite a bandeja com o papel de seda azul ou folhas de mamoneiro e coloque a canjica.

Distribua em volta da bandeja as balas de mel descascadas e as moedas cravadas na canjica como se fossem rolar para o centro da bandeja, intercalando-as. Enfeite a bandeja colocando no meio a flor dália, palma ou rosa branca e em volta da flor coloque os sete pedaços pequenos de melancia ou laranja-lima. Por cima de tudo coloque um pouco de mel e está pronto.

Pegue a bandeja, o resto do material e leve para o mar, caso não seja possível, pode ser um rio ou riacho.

Chegando no local salve o povo das águas e peça licença para arriar a oferenda a mãe Iemanjá. Coloque a bandeja no chão próximo à água, chamando pela mãe Iemanjá para que receba a oferenda.

Acenda as velas em volta da bandeja circulando-a, não muito próximo para evitar que caiam e pegue fogo na oferenda, deixando a caixa de fósforos semiaberta ao lado.

Faça seus pedidos a mãe Iemanjá para que lhe dê aquilo que você necessita no momento. Lave as mãos, o rosto e as fontes na água saudando a mãe Iemanjá.

Retire-se dando alguns passos para trás, vire-se e volte para casa sem olhar.

Se você tiver congá em casa pode arriar e deixar três dias velando com as sete velas intercaladas e depois despachar no mar, praia, rio, riacho ou local que tenha água.

Ponto de Iemanjá

> Proteção de nossa senhora
> de nossa mãe iemanjá
> Calunga ê e e e e
> Calunga a a a a

brilhou uma estrela no céu
e mais um peixinho no mar
Calunga ê e e e e
Calunga a a a a.

Ervas de Oxalá

Boldo, guiné, orô, malva cheirosa, escadinha do céu, alevante, dinheirinho, fortuna, dólar, alecrim, jasmim, lírio, arnica, copo de leite, folha de trigo, marcela, parreira etc.

Oferenda de Oxalá

Material necessário:
- 200 gramas de arroz;
- Leite;
- Sete rosas brancas;
- Mel;
- Uma fatia de pão;
- Sete balas de mel;
- Sete moedas de qualquer valor;
- Sete velas brancas;
- Uma bandeja de papel alumínio média;
- Papel de seda branco ou folhas de mamoneiro;
- Uma caixa de fósforos.

Modo de fazer:
Cozinhe o arroz no leite com quatro colheres de mel.
Esse é o tradicional arroz de leite, porém não se usa canela nem cravo e não pode ficar muito mole para evitar que vire da bandeja.

Enfeite a bandeja com o papel de seda branco ou folhas de mamoneiro e coloque o arroz de leite. Distribua em volta da bandeja as balas de mel descascadas e as moedas cravadas no arroz de leite como se fossem rolar para o centro da bandeja, intercalando-as.

Enfeite a bandeja colocando no meio a fatia de pão, e em volta as sete rosas brancas. Por cima de tudo coloque um pouco de mel e está pronto.

Pegue a bandeja e o resto do material e leve para uma praia, rio ou riacho.

Chegando no local salve o povo das águas e peça licença para arriar a oferenda ao pai Oxalá. Coloque a bandeja no chão próximo da água, chamando pai Oxalá para que receba a oferenda.

Acenda as velas em volta da bandeja circulando-a, não muito próximo para evitar que caiam e pegue fogo na oferenda deixando a caixa de fósforos semiaberta ao lado.

Faça seus pedidos ao pai Oxalá para que lhe dê aquilo que você necessita no momento.

Lave as mãos, o rosto e as fontes na água saudando ao Pai Oxalá.

Retire-se dando alguns passos para trás, vire-se e volte para casa sem olhar.

Se você tiver congá em casa pode arriar e deixar três dias velando com as sete velas intercaladas e depois despachar na praia, rio, riacho ou local que tenha água.

Ponto de Oxalá

Oxalá velhinho
Oxalá de lai odé
Oxalá de Oromilaia
Orixá na Umbanda
Oxalá velhinho

Oxalá de lai odé
Oxalá de Oromilaia
Orixá na Umbanda
quando sair o sol
eu vou entrar na mata
pra falar com Oxossi
Jurema e Oxossi caçador.

Ervas de Omolu

Eucalipto, folha de bananeira, tapete de oxalá, folha da goiabeira, folha de amoreira, pitangueira, folha do marmelo, alevante, orô etc.

Oferenda de Omolu

Material necessário:
- Quatro velas de sebo, ou pretas e brancas;
- Quatro bifes pequenos de carne de porco;
- Pipocas;
- Mel;
- Óleo de dendê;
- 50 cm de fita preta;
- 50 cm de fita branca;
- Um papel de seda branco ou tecido branco 30x40 cm;
- Um papel de seda preto ou tecido preto 30x40 cm;
- Um vinho branco;
- Uma vela verde, vermelha e branca;
- Uma caixa de fósforos;
- Sete balas de mel;
- Sete moedas de qualquer valor.

Modo de fazer:

Antes ir ao cemitério fazer a oferenda a Omolu, estoure um pouco de pipoca e passe mel em um dos lados dos quatros bifes de carne de porco e óleo de dendê do outro lado dos quatros bifes.

Firme também seu anjo de guarda ou sua entidade, ou coloque uma guia no pescoço.

Pegue todo o material e dirija-se ao cemitério. Na impossibilidade de entrar no cemitério, pode ser do lado de fora ou no cruzeiro mais próximo que tiver.

Chegando ao local escolhido, salve todas as entidades pertencentes ao mesmo, pedindo licença para arriar a oferenda ao senhor Omolu.

Se for dentro do cemitério, escolha o cruzeiro central ou um cruzeiro qualquer, se for do lado de fora, faça perto do muro, parede ou portão do cemitério. Se for na encruzilhada, escolha um dos cantos da mesma.

Escolhido o lugar, estenda no chão os papéis de seda ou tecidos um sobre o outro, e um ao contrário do outro formando uma cruz, o branco em cima e o preto em baixo.

Da mesma forma em cima dos papéis ou tecidos, estenda as fitas.

Bem no meio da cruz das fitas coloque o vinho aberto, depois de ter virado um pouco no chão saudando senhor Omolu, e nas pontas de cada fita do lado de fora dos papéis ou tecido, para evitar que pegue fogo na oferenda, coloque as velas acesas, também formando uma cruz, deixando a caixa de fósforos semiaberta ao lado de uma das velas.

Por cima dos papéis ou tecidos e em volta do vinho espalhe bem as pipocas e por cima das pipocas distribua as moedas cravando-as nas pipocas como se fossem rolar em direção ao vinho. Coloque as balas de mel descascadas nos vãos entre uma moeda e outra intercalando-as, e no meio das fitas, em cima das pipocas, entre o espaço de cada vela e o vinho. Coloque os bifes de porco, que também ficarão em forma de cruz, com o vinho no meio.

Com tudo organizado, bata palmas nove vezes saudando e chamando pelo senhor Omolu, para que receba a oferenda.

Faça seus pedidos e retire-se dando alguns passos para trás, vire-se e volte para casa sem olhar.

Não esqueça: sempre que for ao cemitério, na entrada do portão acenda uma vela verde, vermelha e branca e salve o senhor Ogum Megê da Calunga pedindo permissão para entrar nos seus domínios.

E chegando em casa descarregue-se com ecó de cinza ou sabão de cinza e um banho de descarga.

Ponto de Omolu

Seu Omolu auê
Seu Omolu aua
Seu Omolu auê
é quem vai girar
salve, salve, salve a Calunga
salve, salve, salve a catacumba
salve, salve, salve a Calunga
salve, salve, salve a catacumba.

Ervas de Cosme e Damião

Alecrim, guiné-pipiu, guiné, manjericão, funcho, alevante, camomila, alfazema, folha da bananeira, folha do coqueiro, espada de são Jorge, acácia, manjerona, agrião, trevo, folha de roma, angélica, copo de leite, folha de moranguinho, girassol, melissa, malva cheirosa, hortelã cravos e rosas etc.

Oferenda de Cosme e Damião

Material necessário:
- Uma vela branca comum;
- Uma vela rosa comum;
- Uma vela azul comum;
- Balas e pirulitos;
- Minibrinquedos;
- Balões;
- Uns sete doces;
- Uma garrafa de guaraná;
- Uma bandeja de papel média;
- Papel de seda azul;
- Papel de seda rosa;
- Papel de seda branco;
- Sete moedas de qualquer valor;
- Sete balas de mel;
- Uma caixa de fósforos.

Modo de fazer:

Enfeite a bandeja com os papéis de seda, distribua dentro da mesma os doces, balas e pirulitos descascados, balões, brinquedos e as moedas cravadas em volta da bandeja como se fossem rolar para o centro da bandeja. Nos vãos entre uma moeda e outra coloque uma bala de mel descascada.

Leve tudo para uma praça ou local que tenha movimento de crianças, se preferir, leve tudo para um jardim bem bonito. Chegando no local peça licença para as entidades pertencentes para arriar a oferenda aos Cosmes.

Escolha um lugar limpo, coloque a bandeja e deixe a garrafa de guaraná aberta ao lado da bandeja depois de virar um pouco no chão saudando os Cosmes. Acenda as velas em forma de triângulo, deixando a bandeja por dentro e a caixa de fósforos semiaberta ao lado.

Faça a entrega da oferenda aos Cosmes ou ao seu Cosme individual se preferir, e peça o que quiser.

Se for pagamento de uma promessa, agradeça aos Cosmes, Erês ou Ibejís o que tiver conseguido.

Tudo pronto, retire-se sem dar as costas para a oferenda dizendo assim: "espero ser inteiramente atendido", vire-se e volte para casa sem olhar para trás.

Se preferir, poderá usar três velas com as três cores juntas na mesma vela e trocar os papéis de seda por folhas de mamoneiro.

Se você tiver congá em casa pode arriar e deixar três dias velando com as velas intercaladas e depois despachar numa praça, local que tenha movimento de criança ou jardim.

Ponto de Cosme e Damião

Papai me compra um balão
pra todas as crianças
que tem lá no céu
papai me compra um balão
pra todas as crianças
que tem lá no céu
tem doce mamãe
tem doce mamãe
tem doce
pra Cosme e Damião

tem doce mamãe
tem doce mamãe
tem doce
pra Cosme e Damião.

Ervas de Pretos-Velhos

Alecrim, alecrim do campo, malva-cheirosa, arruda macho, arruda fêmea, folha de amendoim, folha da amoreira, guiné de guampa, hortelã, manjericão, quebra-tudo, carqueja, arnica, alevante, orô, aroeira, folha da bananeira, alfazema, cidreira, cidró, funcho, alevante, folha do fumo, arnica, cravo, canela, hortelã pimenta, losna, mangerona, samambaia etc.

Oferenda de Preto-Velho

Material necessário:
- Uma garrafa de cachaça;
- Uma vela branca e preta;
- Um coité;
- Mel (um pouquinho);
- Três galhos de arruda;
- Um cachimbo e um pacote de fumo ou palheiro;
- Sete cravos brancos;
- Uma caixa de fósforos;
- Uma toalha branca ou papel de seda branco;
- Sete balas de mel;
- Sete moedas de qualquer valor.

Modo de fazer:

Em primeiro lugar, saiba se o Preto-Velho recebe a oferenda na encruzilhada, estrada ou na entrada de uma mata, colocando assim a oferenda no seu local de preferência, sabendo também o dia de sua preferência, se em uma segunda-feira ou sexta-feira. Caso contrário, faça conforme a necessidade.

Chegando ao local designado, peça licença às entidades pertencentes ao local para arriar a oferenda ao Preto-Velho, amarrando do seguinte modo:

Estique a toalha, tecido ou papel de seda no chão, coloque os galhos de arruda dento do coité, junto um pouco de mel. Abra a garrafa e derrame um pouco da bebida fora da toalha, no chão, em forma de cruz, saudando e chamando o nome do Preto-Velho escolhido. Derrame também um pouco no coité.

Em seguida, acenda a vela do lado de fora da toalha para evitar que caia e pegue fogo na oferenda. Abra o pacote de fumo, colocando junto com o cachimbo em cima da toalha (caso for o palheiro, colocá-lo em cima da caixa de fósforos semiaberta, aceso depois de dar três baforadas para cima, fazendo o pedido). Depois, distribua os cravos em círculo em cima da toalha, e circule toda a oferenda, inclusive a vela com as moedas e balas de mel por fora da toalha, (crave no chão as moedas como se fossem rolar para o centro da oferenda, nos vãos entre uma moeda e outra coloque uma bala de mel descascada, em cima da sua própria embalagem).

Com tudo organizado, repita o pedido que quiser de acordo com a sua vontade, retire-se sem dar as costas para a oferenda dizendo assim: *"espero ser inteiramente atendido"*, vire-se e volte para casa sem olhar para trás.

Essa oferenda pode ser feita a qualquer Preto-Velho.

Ponto de Preto-Velho

Arriando na linha de congá
É congo, é congo aruê
arriando na linha de congo
agora é que eu quero ver
quem vem de Angola
ai deixa congo-girar
ai deixa congo-girar
ai deixa congo-girar
ele é de congo deixa congo-girar
ele é de congo deixa congo-girar
congo vem de minas, congo vem beira do mar
é congo no terreiro congo veio trabalhar
é congo no terreiro congo veio trabalhar
ele é de congo deixa congo-girar
ele é de congo deixa congo-girar.

Ervas de Pretas-Velhas

Alecrim, alecrim do campo, malva-cheirosa, arruda macho, arruda fêmea, folha de amendoim, folha da amoreira, guiné de guampa, hortelã, manjericão, quebra-tudo, carqueja, arnica, alevante, orô, aroeira, folha da bananeira, alfazema, cidreira, cidró, funcho, alevante, folha do fumo, arnica, cravo, canela, hortelã pimenta, losna, mangerona, samambaia etc.

Oferenda de Preta-Velha

Material necessário:
- Uma vela branca e preta;

- Um coité ou xícara com café amargo;
- Uma rapadura de palha;
- Pipoca caramelada;
- Um pedaço de bolo de milho;
- Um palheiro;
- Uma caixa de fósforos;
- Sete rosas brancas;
- Uma toalha branca ou papel de seda branco;
- Uma bandeja de papel pequena;
- Sete balas de mel;
- Sete moedas de qualquer valor.

Modo de fazer:

Em primeiro lugar, saiba se a Preta-Velha recebe a oferenda na encruzilhada, estrada ou na entrada de uma mata, colocando assim a oferenda no seu local de preferência, sabendo também o dia de sua preferência, se em uma segunda-feira ou sexta-feira. Caso contrário, faça conforme a necessidade.

Chegando no local designado, peça licença às entidades pertencentes ao local para arriar a oferenda à Preta-Velha e arme do seguinte modo:

Estique a toalha branca no chão (pode ser um pedaço de tecido branco ou papel de seda) e coloque em cima da toalha a bandeja de papel com as pipocas carameladas dentro. Em volta da bandeja crave nas pipocas as sete moedas como se fossem rolar para o centro da bandeja, e distribua as balas de mel descascadas nos vãos entre uma moeda e outra, intercalando-as, ao lado da bandeja coloque a rapadura, o coité ou a xícara com café amargo, o pedaço de bolo de milho e o palheiro aceso em cima da caixa de fósforos semiaberta. Depois de dar três baforadas para cima fazendo o pedido, coloque as sete rosas brancas em volta de tudo.

Acenda a vela ao lado de fora da toalha, para evitar que a oferenda pegue fogo e diga assim: "Salve fulana de tal (nome da Preta-Velha escolhida)".

Com tudo organizado, repita o pedido que quiser de acordo com a sua vontade, retire-se sem dar as costas para a oferenda dizendo assim: *"espero ser inteiramente atendido"*, vire-se e volte para casa sem olhar para trás.

Se você tiver congá em casa pode arriar no congá ou no assentamento dos Pretos-Velhos, se for o caso, e deixar três dias velando. Depois despache em um lugar adequado aos Pretos-Velhos.

Essa oferenda pode ser feita a qualquer Preta-Velha.

Ponto de Preta-Velha

Vovó não quer casca de coco no terreiro
vovó não quer casca de coco no terreiro
pra não lembrar o tempo do cativeiro
pra não lembrar o tempo do cativeiro
lá na Bahia aonde tem coco baiano
lá na Bahia aonde tem coco baiano
quebra-coco arrebenta sapucaia
vamos, todos saravá
quebra-coco arrebenta sapucaia
vamos, todos saravá.

Ervas dos Africanos

Alecrim, alecrim do campo, malva-cheirosa, arruda macho, arruda fêmea, folha de amendoim, folha da amoreira, guiné de guampa, hortelã, manjericão, quebra-tudo, carqueja, arnica, alevante, orô, aroeira, folha da bananeira, alfazema, cidreira, cidró, funcho, alevante, folha do fumo, arnica, cravo, canela, hortelã pimenta, losna, mangerona, samambaia, cipó do mato, aroeira, marapuama, barba de milho etc.

Oferenda de Africano

Material necessário:
- Uma garrafa de cachaça;
- Uma vela branca;
- Um charuto;
- Mel;
- Uma caixa de fósforos;
- Sete balas de mel;
- Sete moedas de qualquer valor.

Modo de fazer:
Em uma segunda-feira, antes de sair de casa para fazer a oferenda, prepare o melado da cachaça com mel, ou seja, retire um pouco de cachaça da garrafa e coloque um pouco de mel, chacoalhando bem para misturar e formar o melado.

Feito isso, pegue o resto do material e dirija-se ao local escolhido para a entrega da oferenda ao Africano (estrada, mata ou encruzilhada).

Chegando ao local escolhido para arriar a oferenda, salve as entidades que pertençam ao local pedindo licença para arriar a oferenda ao Africano. Escolha um lugar limpo, abra a garrafa com o melado e vire um pouco no chão em forma de cruz saudando-o e chamando-o para a oferta, e deixe a garrafa em pé.

Acenda a vela e deixe ao lado da garrafa, acenda o charuto e dê três baforadas para cima fazendo os pedidos e deixe do outro lado da garrafa em cima da caixa de fósforos semiaberta. Circule toda a

oferenda com as moedas, cravando no chão como se fossem rolar em direção a garrafa, e nos vãos entre uma moeda e outra coloque uma bala de mel descascada e em cima da sua própria embalagem.

Com tudo organizado, repita o pedido que quiser de acordo com a sua vontade, retire-se sem dar as costas para a oferenda dizendo assim: *"espero ser inteiramente atendido"*, vire-se e volte para casa sem olhar para trás.

Essa oferenda pode ser feita a qualquer Africano.

Ponto de Africano

Quando eu venho lá de cima
eu venho de pé no chão
com meu arco e a minha flecha
e o meu chapéu na mão
saravá São Cipriano
Cipriano saravá
saravá os macumbeiros
da falange de Oxalá
saravá São Cipriano
Cipriano saravá
saravá os macumbeiros
da falange de Oxalá.

Ervas de Baianos

Folha do coqueiro, folha do caju, folha da laranjeira, folha da bergamota, erva cidreira, cidró, coentro etc.

Oferenda de Baiano

Material necessário:
- Temperos verdes;
- Cebola;
- Tomate;
- Charque;
- Uma cocada;
- Sete velas brancas;
- Uma caixa de fósforos;
- Uma garrafa de cachaça;
- Um palheiro ou charuto;
- Farinha de mandioca;
- Óleo de dendê;
- Sete balas de mel;
- Sete moedas de qualquer valor;
- Uma bandeja de papel média;
- Papel de seda branco ou folhas de mamoneiro.

Modo de fazer:

Depois de lavar bem o charque para tirar o excesso de sal, refogue-o, pique com bastante cebola, alho, pimentão, tomate e temperos verdes conforme queira no óleo de dendê, deixando fritar bem.

Coloque a farinha de mandioca espaçadamente, e vá misturando até formar uma farofa bem solta.

Enfeite a bandeja com o papel de seda, ou folhas de mamoneiro e coloque a farofa.

No meio da bandeja e em cima da farofa, coloque a cocada e em volta crave as sete moedas na farofa como se fossem rolar para o centro da bandeja em direção à cocada. Distribua as sete balas de mel descascadas no vão entre uma moeda e outra, intercalando-as.

Com tudo organizado, pegue a bandeja e o resto do material e leve para um campestre bem aberto, mato bem aberto ou campo.

Chegando no local, salve as entidades pertencentes ao local e peça licença para arriar a oferenda ao Baiano escolhido.

Escolha um lugar limpo e coloque a bandeja no chão. Abra a garrafa de cachaça e vire um pouco no chão em forma de cruz ao lado da bandeja, saudando e chamando pelo Baiano para que receba a oferenda. E deixe a garrafa em pé ao lado da bandeja.

Acenda o palheiro, dê três baforadas para cima e faça seus pedidos ao Baiano para que lhe dê aquilo que necessita no momento.

Deixe o palheiro aceso em cima da caixa de fósforos semiaberta ao lado da cachaça.

Acenda as velas em volta de toda oferenda circulando-a, não muito próximo para evitar que caiam e pegue fogo na oferenda.

Repita o pedido e retire-se dando alguns passos para trás, vire-se e volte para casa sem olhar.

Se você tiver congá em casa pode arriar e deixar três dias velando com as sete velas intercaladas e depois despachar em um campestre, mato ou campo aberto.

Não esqueça de lavar bem o charque antes de picar, para tirar o excesso de sal.

Esta oferenda pode ser feita a qualquer Baiano.

Ponto de Baianos

Ele é Baiano
ele arrebenta a sapucaia
ele é Baiano
ele arrebenta a sapucaia
ê, ê meu pai
ele arrebenta a sapucaia

ele é da Bahia
esse Baiano vale ouro
ele é da Bahia
salve o seu chapéu de couro
ê, ê meu pai
ele arrebenta a sapucaia.

Ervas de Boiadeiros

Alecrim do campo, babosa, olho de boi, chapéu de couro, folha da manga, cravo, canela, folha da laranjeira etc.

Oferenda de Boiadeiro

Material necessário:
- Arroz;
- Temperos;
- Cebola;
- Tomate;
- Charque;
- Uma batata doce média;
- Sete velas brancas;
- Uma caixa de fósforos;
- Uma garrafa de cachaça;
- Um palheiro;
- Sete balas de mel;
- Sete moedas de qualquer valor;
- Uma bandeja de papel média;
- Papel de seda branco ou folhas de mamoneiro.

Modo de fazer:
Faça o famoso e tradicional arroz carreteiro com charque e com bastante tempero.

Asse a batata doce com casca.

Enfeite a bandeja com o papel de seda ou folhas de mamoneiro e coloque o arroz carreteiro.

Em cima e no meio da bandeja coloque a batata doce assada com casca, e em volta da bandeja crave as sete moedas no arroz carreteiro como se fossem rolar para o centro da bandeja em direção à batata doce. Distribua as sete balas de mel descascadas nos vãos entre uma moeda e outra, intercalando-as.

Feito tudo isso, pegue a bandeja e o resto do material e leve para um mato bem aberto, campo ou estrada.

Chegando no local, salve as entidades pertencentes ao local e peça licença para arriar a oferenda ao Boiadeiro escolhido.

Escolha um lugar limpo e coloque a bandeja no chão, abra a garrafa de cachaça e vire um pouco no chão em forma de cruz ao lado da bandeja, saudando e chamando pelo Boiadeiro para que receba a oferenda, e deixe a garrafa em pé ao lado da bandeja.

Acenda o charuto, dê três baforadas para cima e faça seus pedidos ao Boiadeiro para que lhe dê aquilo que você necessita no momento.

Deixe o charuto aceso em cima da caixa de fósforos semiaberta ao lado da cachaça.

Acenda as velas em volta de toda oferenda circulando-a, não muito próximo para evitar que caiam e pegue fogo na oferenda.

Repita o pedido e retire-se dando alguns passos para trás, vire-se e volte para casa sem olhar.

Se você tiver congá em casa pode arriar e deixe três dias velando com as sete velas intercaladas, depois despache em uma mata aberta, campo ou estrada.

Não esqueça de lavar bem o charque antes de picar para tirar o excesso de sal.

Esta oferenda pode ser feita a qualquer Boiadeiro.

Ponto de Boiadeiros

Cadê aquele laço
que eu mandei laça meu boi
cadê aquele laço
que eu mandei laçar meu boi
mas ele é do Boiadeiro
que vem lá
Boiadeiro sou eu
quem vem lá
mas ele é do Boiadeiro
que vem lá
Boiadeiro sou eu
quem vem lá.

Ervas de Marinheiros

Jurubeba, carqueja, losna, boldo, manjericão, salsão, hortelã, cravo, canela, alevante, alecrim, louro, malva etc.

Oferenda de Marinheiro

Material necessário:
- Um peixe assado;
- Óleo de dendê;
- Vários temperos;

- Farinha de mandioca;
- Cebola;
- Tomate;
- Sete velas azuis ou brancas;
- Uma caixa de fósforos;
- Uma garrafa de vodca, uísque ou cachaça;
- Um charuto;
- Sete balas de mel;
- Sete moedas de qualquer valor;
- Uma bandeja de papel média;
- Papel de seda azul, branco ou folhas de mamoneiro.

Modo de fazer:
Tempere o peixe, acrescente o óleo de dendê e leve para assar.

Refogue a cebola, tomate e acrescente temperos a gosto, junto ao óleo de dendê. Despeje na panela a farinha de mandioca e misture bem, formando uma farofa.

Enfeite a bandeja com o papel de seda ou folhas de mamoneiro e coloque a farofa.

Coloque a farofa na bandeja e o peixe assado em cima. Em volta da bandeja, crave as sete moedas na farofa como se fossem rolar para o centro em direção ao peixe, distribua as sete balas de mel descascadas nos vãos entre uma moeda e outra intercalando-as.

Com tudo organizado, leve a bandeja e o resto do material para o mar. Caso não seja possível, poderá despachar também no rio ou riacho.

Chegando no local salve o povo das águas e peça licença para arriar a oferenda ao Marinheiro escolhido.

Escolha um lugar limpo, não muito próximo da água, e coloque a bandeja no chão. Abra a garrafa de bebida e vire um pouco no chão em forma de cruz ao lado da bandeja, saudando e chamando pelo

Marinheiro para que receba a oferenda, e deixa a garrafa em pé ao lado da mesma.

Acenda o charuto, dê três baforadas para cima e faça seus pedidos ao Marinheiro para que lhe dê aquilo que necessita no momento.

Deixe o charuto aceso em cima da caixa de fósforos semiaberta ao lado da bebida.

Acenda as velas em volta da bandeja circulando-a não muito próximo para evitar que caiam e pegue fogo na oferenda.

Repita o pedido e retire-se dando alguns passos para trás, vire-se e volte para casa sem olhar.

Se você tiver congá em casa pode arriar e deixar três dias velando com as sete velas intercaladas e depois despache no mar, caso não seja possível pode ser no rio ou riacho.

Esta oferenda pode ser feita a qualquer Marinheiro.

Ponto de Marinheiros

Oh, marinheiro, marinheiro
marinheiro só
quem te ensinou a nadar
marinheiro só
foi o tombo do navio
marinheiro só
foi o balanço do mar
marinheiro só
lá vem, lá vem
marinheiro só
ele vem faceiro
marinheiro só
todo de branco

marinheiro só
com seu bonezinho
marinheiro só
eu não sou daqui
marinheiro só
eu não tenho amor
marinheiro só
eu sou da Bahia
marinheiro só
de são Salvador
marinheiro só
eu não sou daqui
marinheiro só
eu não tenho amor
marinheiro só
eu sou da Bahia
marinheiro só
de são Salvador
marinheiro só.

Ervas de Ciganos

Hortelã, alfazema, alecrim, alcaçuz, canela, cravo, camomila, cardo santo, anis, babosa, angélica, malva-cheirosa, mangerona, manjericão, absinto, laranjeira, eucalipto, jasmim, louro, cidró, funcho etc.

Oferenda de Cigano

Material necessário:
• Uma maçã;

- Uma manga;
- Uma rosa vermelha;
- Um cravo vermelho;
- Três velas vermelhas;
- Canela em pó;
- Açúcar mascavo;
- Cravo;
- Uma garrafa de vinho tinto suave ou licor;
- 500 gramas de lentilha crua;
- Três incensos (canela, cravo e rosa vermelha);
- Uma bandeja de papel média;
- Um lenço vermelho ou papel de seda vermelho;
- Sete balas de mel;
- Sete moedas de qualquer valor.

Modo de fazer:

Forre a bandeja com o lenço ou papel de seda vermelho. Dentro, coloque a lentilha crua espalhada na bandeja e, em cima, a maçã, a manga, a rosa e o cravo.

Em volta da bandeja crave as sete moedas na lentilha crua como se fossem rolar para o centro da bandeja, distribua as sete balas de mel descascadas nos vãos entre uma moeda e outra, intercalando-as.

Pulverize tudo com canela, cravo e açúcar mascavo.

Com tudo organizado, pegue a bandeja e o resto do material e leve para o lugar escolhido para arriar a oferenda aos Ciganos (pode ser uma estrada).

Chegando no local salve as entidades pertencentes ao local e peça licença para arriar a oferenda aos Ciganos escolhidos.

Escolha um lugar limpo e coloque a bandeja no chão, abra a garrafa de bebida e vire um pouco no chão em forma de cruz ao lado

da bandeja, saudando e chamando pelos Ciganos escolhidos para que recebam a oferenda. Deixe a garrafa em pé ao lado dela.

Acenda as velas e os incensos, um ao lado do outro (uma vela e um incenso) em forma de triângulo.

Deixe a bandeja no centro do triângulo e ofereça ao casal de ciganos Madelom e Roxana, ou os de sua preferência, e faça seu pedido para que eles lhe deem aquilo que necessita no momento.

Faça a oferenda sob a Lua Crescente, e se você tiver um altar de Ciganos ou um congá em casa pode arriar no mesmo e deixar três dias velando, com as velas e os incensos, e depois despachar em uma estrada.

Caso você não possua um altar ou congá, faça tudo e leve a um lugar adequado aos Ciganos (mata, beira de rio, campo, estrada etc.), evitando os olhos de pessoas curiosas. Só não esqueça de saudar as entidades pertencentes ao local, pedindo licença para arriar a oferenda aos ciganos.

Ponto de Ciganos

Ori, ori, oriô
povo cigano é o povo do amor
ori, ori, oriô
povo cigano é o povo do amor
ori oriô, ori, oriô
povo cigano é o povo do amor
ori oriô, ori, oriô
povo cigano é o povo do amor.

Importante:

- Sempre que a oferenda envolver garrafas de bebidas, você poderá substituí-las por um copo de papel, fazendo da seguinte forma:

chegando no local, primeiro encha o copo, e na hora de saudar a entidade virando a bebida no chão em forma de cruz, vire todo o restante da bebida, deixando o copo cheio e levando a garrafa de volta.

- Sempre que você for levar uma oferenda em algum ponto de força da natureza, poderá saudar as outras entidades pertencentes ao local levando uma vela, acendendo e oferecendo a elas, pedindo licença para penetrar em seus domínios. Poderá ser branca.
- Se você não encontrar algum item de alguma oferenda citada acima, poderá tranquilamente substituir por outra sem problema algum, desde que seja similar e também pertença à entidade que está ofertando.
- Se você não encontrar alguma cor de vela ou de papel de seda, poderá substituir pela cor branca, sem problema algum.
- Não há necessidade de acender as velas novamente às oferendas que forem veladas por três dias no congá ou no assentamento da Linha de Esquerda, quando forem despachadas.
- Não leve nenhuma oferenda direto no ponto de força das entidades, nem despache oferendas que já tenham sido veladas quando estiver chovendo.
- Todas as oferendas citadas acima, podem ser passadas no corpo da pessoa que esta ofertando a entidade, pedindo para essa pessoa ou para si próprio, se você for o ofertante.
- Procure levar de volta todas as vasilhas e sacolas plásticas que você usou para transportar a oferenda até o local da entrega, deixando limpo o ponto de força da natureza como encontrou.
- Tome o máximo de cuidado na hora de deixar velas acesas para evitar incêndios.

Abrir, conduzir e encerrar os trabalhos de Umbanda

- Antes de saírem de casa os médiuns de corrente, incluindo tamboreiros e cambonos, devem tomar seus banhos de descarga e chegarem ao terreiro uma hora antes do horário marcado para o início dos trabalhos, para trocar as roupas, arrumem seus materiais de uso e de suas entidades, e para formarem a corrente mediúnica.
- Após o congá, assentamento, ou firmezas, se for o caso, estar devidamente iluminado, os médiuns deverão formar a corrente, cada um nos seus lugares, de frente para o congá.
- O chefe do terreiro deverá pegar a sineta e posicionar-se de frente para o congá para fazer a chamada de abertura, tocando a sineta e pedindo o melhor aos Orixás, guias e protetores de Umbanda.

Ex: "Salve o povo da rua, salve o povo da mata, salve o povo da praia, salve o povo da Calunga, salve todos os orixás, salve os Pretos-Velhos, salve os Cosmes, salve os Boiadeiros, salve os Baianos, salve os Marinheiros, salve o povo cigano, salve todos os guias e protetores de Umbanda.

Nessa hora sagrada abrimos nossos trabalhos pedindo paz, saúde, felicidade, proteção, prosperidade, encaminhamento, muita força, luz, clareza em nossos pensamentos, trabalho e misericórdia para nós, para nossos irmãos e para nossos inimigos.

Que a força dessas entidades que aqui baixarem possam abrir nossos caminhos, nos livrar dos inimigos, da praga rogada, do feitiço, do olho e da inveja e de todas as perturbações materiais e espirituais.

Que possam trazer a paz e a tranquilidade em nossa vida, em nosso trabalho, em nossa casa, levando também o conforto aos hospitais, presídios, às crianças de rua, aos pobres, mendigos, aos que têm fome, frio, sede, que recebam nessa hora sagrada, um alívio e conforto de todas as entidades de Umbanda e sua Linha de Esquerda.

Que essas horas que nós investirmos aqui prestando a caridade possam se converter em muita saúde para nós e para nossa família.

Que a força do povo da rua possa nos guardar e guardar nossas casas, e que a benção do grande pai Oxalá nos permita abrir e fechar nossos trabalhos com muita paz e tranquilidade. Assim Seja".

- Terminada a chamada no congá, o chefe do terreiro dirige-se com a sineta ao assentamento ou firmeza de Exu e Pomba-Gira e faz uma chamada pedindo proteção, firmeza e segurança do terreiro durante os trabalhos, e que não haja penetração de nenhum espírito que não seja da ordem de Umbanda e sua Linha de Esquerda.
- Depois da segunda chamada, o chefe do terreiro volta para frente do congá, olha para o tamboreiro, se o terreiro usar tambor, ou para o coral de pessoas encarregadas de cantar os pontos, se for o caso, faz sinal com a cabeça e autoriza a cantar dois pontos da Linha de Esquerda, que poderá ser o ponto da casa, ou seja, o ponto do Exu e Pomba-Gira que estão assentados no terreiro:

Seu Destranca Rua
me abre a porta
e me destranca a rua
Seu Destranca Rua
me abre a porta
e me destranca a rua
é no meio do cruzeiro
que o Destranca rua mora
é no meio do cruzeiro
que o Destranca rua mora

Você sabe quem sou eu
você sabe quem sou eu
eu giro ao meio dia
eu giro à meia-noite
eu giro a qualquer hora
você sabe quem sou eu
você sabe quem sou eu
Sou eu, Exu Mulher
eu giro ao meio dia
eu giro à meia-noite
eu giro a qualquer hora
você sabe quem sou eu
você sabe quem sou eu
Sou eu, Exu Mulher.

- Após esses dois pontos cantados, se tiver alguém que tenha trazido de casa uma mensagem ou prece para ler, como é de costume em muitos terreiros, deverá ir à frente do congá ao lado do chefe do terreiro e ler em voz alta a sua mensagem.
- Seguindo em frente, todos rezarão o pai-nosso de Umbanda e cantarão o ponto do pai Oxalá ajoelhados:

Pai-nosso que estais no céu, nos mares, nas matas e em todos os mundos habitados, santificado seja teu nome, pelos teus filhos, pela natureza, pelas águas, pela luz e pelo ar que respiramos. Que o teu reino do bem, do amor e da fraternidade unam a todos, a tudo que criastes, em torno da sagrada cruz, aos pés do Divino Salvador e Redentor. Que a tua vontade nos conduza sempre para o culto do amor e da caridade. Dá-nos hoje e sempre a vontade firme para sermos virtuosos e úteis aos nossos semelhantes. Dá-nos hoje o pão do corpo, o fruto das matas, a água das fontes para o nosso sustento material e espiritual. Perdoa se merecemos as nossas faltas. E dá sublime sentimento do perdão para os que nos ofendem. Não nos deixe sucumbir ante a luta, dissabores, ingratidões, tentações dos maus espíritos e ilusões pecaminosas da matéria.

Oxalá meu pai, tem pena de nós, tem dó se a volta do mundo é grande seus poderes são bem maiores.

• Terminado o ponto do pai Oxalá todos podem levantar e o tamboreiro ou o coral encarregado de cantar os pontos cantarão um ponto para os médiuns baterem cabeça no congá e depois para o chefe do terreiro, começando pela direita e terminando na esquerda:

>Você que é filho de Umbanda
>você que é filho de fé
>agora bata sua cabeça
>e peça tudo que você quer
>agora bata sua cabeça
>e peça tudo que você quer.

• Na sequência, cantarão os pontos de abertura a seguir:

>Abrindo nossos trabalhos
>pedimos de coração
>ao nosso pai Oxalá
>para cumprir nossa missão
>ao nosso pai Oxalá
>para cumprir nossa missão
>santo Antonio

que és de ourofino
suspende a bandeira
e vamos trabalhar
Ogum em seu cavalo corre
e a sua espada reluz
Ogum, Ogum Megê meu pai
vem de Aruanda
a seus filhos proteger
Ogum, Ogum Megê meu pai
vem de Aruanda
a seus filhos proteger
Ogum que está de ronda
com sua cavalaria
na porta da romaria
salve Deus santa Maria
olha vamos saravá Ogum
olha vamos saravá Ogum
nas horas de Deus é meu Deus
nas horas de Deus é meu Deus
Oxossi assobiou
foi lá no maitá
Oxossi assobiou
Foi lá no maitá
Ogum que está de ronda
é cavaleiro de Oxalá
Ogum que está de ronda
na porta desse congá
Ogum só da entrada.
para os filhos de Oxalá

- Em seguida, o tamboreiro ou coral cantará o ponto do guia chefe do terreiro, que após a sua chegada firmará seu ponto e outras firmezas do terreiro, se for ocaso.

  Nesse exato momento, o ponto do guia chefe do terreiro é obrigado a ser cantado, porém o chefe do terreiro não é obrigado a ser o primeiro médium da corrente a incorporar sua entidade, porque se na corrente possuir um médium que trabalhe com Ogum de Ronda, na hora dos pontos com certeza ele se apresentará.

- O chefe do terreiro, por um motivo particular ou por uma questão de aprendizado, poderá destinar algum médium mais antigo e com capacidade, para comandar os trabalhos no seu lugar: abrir, firmar, conduzir e encerrar os trabalhos.

  Se isso acontecer, quem firmará o ponto do guia chefe e outras firmezas do terreiro, se for o caso, na abertura dos trabalhos é o próprio chefe do terreiro durante o ponto cantado da sua entidade, ou o guia do médium escolhido para comandar os trabalhos. O restante segue igual.

- Continuando com o mesmo ponto cantado, os médiuns deverão cumprimentar o guia chefe do terreiro ou o guia do médium escolhido para comandar os trabalhos, que deve ter incorporado no ponto do guia chefe do terreiro, podendo depois puxar o seu próprio ponto.

  Esse ritual de cumprimento deve começar pelos médiuns da direita e terminar pelos médiuns da esquerda: sentido contrário do relógio.

- Após esse ritual de cumprimentos, o tamboreiro ou coral cantará um ponto de defumação. O cambono encarregado da defumação entrará defumando o terreiro no sentido cruzado, ou seja, de um

canto ao outro em forma de X, depois defumará o congá. O guia chefe se defumará e depois defumará o cambono, que depois defumará os médiuns de corrente, começando da direita para a esquerda, no sentido contrário do relógio, as roupas que as pessoas levam para serem benzidas, e por último as pessoas da assistência.

Corre gira pai Ogum
filhos querem defumar
Umbanda tem defumamento
é preciso preparar
com incenso e benjoim
alecrim e alfazema
defuma filhos de fé
com as ervas de Jurema.
Defuma Umbanda
defuma bem
defuma esses filhos (ou terreiro)
para o nosso bem.

- Terminada a defumação, enquanto o cambono despacha as brasas, o tamboreiro ou coral pode cantar um ponto de descarrego:

Eu sou bem pequenininho
sou grande na lei de Umbanda
eu boto fogo no ninho
e o Ogum vence a demanda.

- Ao retornar, o cambono se dirige ao guia chefe com uma vela branca ou vermelha para que o mesmo passe em seu corpo, descarregando-o.

O destino da vela será dado pelo guia chefe na hora, ou a quebrará para ser despachada no final dos trabalhos junto com outras cargas, ou a acenderá e mandará colocar no assentamento de esquerda, na firmeza de Ogum Megê ou Ogum de Ronda.

- A partir desse momento o tamboreiro ou coral começará a cantar vários pontos de Chamada Geral, Cruzados e Individuais de cada entidade para que todos os médiuns de incorporação recebam suas entidades de trabalho.

Aonde está meu santo Antonio
tá no galho da limeira
Aonde está meu santo Antonio
Tá no galho da limeira
quem tem guia, guia tem
meu pai ta no reino e o guia vem
quem tem guia, guia tem
meu pai tá no reino e o guia vem.
Arreia capangueiro
capangueiro de jurema
arreia capangueiro
capangueiro de jurema
olha a mata quebrando
é o caboclo arriando
olha a mata quebrando
é o caboclo arriando.
Cai, cai sereno
no terreiro de Umbanda
cai, cai sereno
no terreiro de Umbanda

> vem chegando e vem baixando
> os caboclos de Aruanda
> vem chegando e vem baixando
> no terreiro de Umbanda.
> Xangô rolou a pedra na pedreira
> com assistência ao manto de Iemanjá
> mamãe Oxum mora na cachoeira
> com a espada de Ogum a trabalhar
> Ogum Megê, Megê
> vem de Aruanda seus a proteger
> Ogum Megê, Megê
> vem de Aruanda seus a proteger.

- Depois de todos os médiuns terem incorporado suas entidades, começarão os passes na seguinte ordem: primeiro as crianças, depois as mulheres e por último os homens.
- O cambono encarregado de organizar os passes pegará as crianças e as colocará em fila para que entrem pelo lado direito, uma atrás da outra, fazendo a volta e tomando proteção de cada uma das entidades que estão na volta, saindo pela esquerda. Essa volta é feita no sentido contrário do relógio.

    As crianças também poderão entrar pela direita, de mãos dadas, e formar um círculo de mãos dadas umas com as outras.

    Dentro desse círculo ficarão duas ou três entidades dando proteção nas crianças e as outras entidades ficarão dando proteção por fora, ou seja, nas costas das crianças, circulando no sentido contrário do relógio.

- Crianças pequenas podem entrar para os passes acompanhados por um adulto, e durante os passes das crianças, o tamboreiro ou coral cantará pontos de Cosmes, podendo também cantar para Oxum, Iemanjá ou pontos de proteção.

O sol e a lua
são dois irmãos
dois irmãos gêmeos
como Cosme e Damião
Oxalá e Ogum
que é o mesmo pai
os filhos de Umbanda
balançam, mas não caem
os filhos de Umbanda
balançam, mas não caem.
Oxum, a mamãe Oxum
ela é Oxum, ela é Orixá
em seu barquinho vem navegar
em seu barquinho ela é Orixá.
Mãe Iemanjá, nossa mãe Iemanjá
Mãe Iemanjá venha trabalhar
Mãe Iemanjá
entra na canoa passarinho voa
mas quem manda lá no mar
é Iemanjá
a rainha lá do mar
é Iemanjá.

- Terminados os passes, as crianças devem sair em fila pela esquerda, enquanto o tamboreiro ou coral canta o seguinte ponto:

Estrela no céu
que guiou nosso pai

guiai esses filhos
ao caminho que vai
glória Jesus nosso pai redentor
que na santa cruz
seu sangue derramou.

- O passe das mulheres é praticamente igual ao das crianças, o cambono encarregado de organizar os passes colocará as mulheres em fila para que entrem pelo lado direito, uma atrás da outra fazendo a volta e tomando proteção de cada uma das entidades que estão em volta, e saindo pela esquerda. Essa volta é feita no sentido contrário do relógio.

As mulheres também poderão entrar pela direita de mãos dadas e formar um círculo de mãos dadas umas com as outras.

Dentro desse círculo ficarão duas ou três entidades dando proteção nas mulheres, e as outras entidades ficarão dando proteção por fora, ou seja, nas costas das mulheres circulando no sentido contrário do relógio.

- Durante os passes das mulheres o tamboreiro ou coral cantará pontos de Iansã, Oxum, Iemanjá ou pontos de proteção:

Jurema, minha boa pretinha
vem dar o seu auxílio
em frente ao altar
reze uma prece a Jesus
que o mal desses filhos
vós possa levar
reze uma prece a Jesus
que o mal desses filhos
vós possa levar.

Quem vem, quem vem de tão longe
são os nossos guias que vêm trabalhar
ó dai-me força pelo amor de Deus, meu Pai
ó dai-me força aos trabalhos meus.
Que lindo é o pisar
que tem os Caboclos
pisando na areia
no rastro dos outros
salve Iemanjá
e salve a seria
salve os Caboclos
que pisam na areia
salve Iemanjá
e salve a seria
salve os Caboclos
que pisam na areia.

- Terminados os passes, as mulheres devem sair em fila pela esquerda em quanto o tamboreiro ou coral canta o seguinte ponto:

Estrela no céu
que guiou nosso pai
guiai esses filhos
ao caminho que vai
glória Jesus nosso pai redentor
que na santa cruz
seu sangue derramou.

- No passe dos homens, o que muda é apenas durante o canto dos pontos do tamboreiro ou coral, que podem ser de Ogum, Xangô, Oxossi ou pontos de proteção:

Querem destruir o meu reinado
olha Ogum ta de frente
olha Ogum ta de lado
o meu Pai é Ogum
o meu corpo é fechado
e feitiço nenhum
vai virar pro meu lado.
Relampeou, relampeou
foi o corisco de Xangô
que aqui chegou
lá na pedreira
uma pedra se partiu
foi Xangô que aqui chegou
mas ninguém viu.
Nossa mata tem folhas
tem rosário de Nossa Senhora
Aroeira de são Benedito
são Benedito que nos valha nessa hora.

• Terminados os passes, os homens devem sair em fila pela esquerda em quanto o tamboreiro ou coral canta o seguinte ponto:

Estrela no céu
que guiou nosso pai
guiai esses filhos
ao caminho que vai
glória Jesus nosso pai redentor
que na santa cruz
seu sangue derramou.

- Após a saída dos homens, o cambono pegará as roupas que as pessoas levaram para serem benzidas e entregará à primeira entidade da direita para que ela dê a sua proteção e passe adiante para a entidade seguinte, até chegar na última entidade da esquerda que, após dar sua proteção, devolverá as roupas para o cambono.

    Se forem muita roupas, o cambono poderá passar aos poucos para a primeira entidade, como se fosse em fila.

- Outra forma de dar proteção nas roupas é o cambono pegar as roupas e espalhar no chão, no meio do recinto As entidades se ajoelharão de frente para as roupas e darão proteção, sem tocá-las.

    Dessa mesma forma, ou junto (se preferir), poderá ser colocado garrafas de água para serem imantadas pelas entidades. De preferência garrafas transparentes, além das roupas não poderem ser de cor escura, peças íntimas ou viradas do avesso.

- Durante todo esse ritual de passes nas roupas e imantação das águas, o tamboreiro ou coral cantará o ponto de proteção sugerido abaixo, ou outro similar:

> Proteção de nossa senhora
> de nossa mãe Iemanjá
> Calunga ê e e e e
> calunga â a a a a
> brilhou uma estrela no céu
> e mais um peixinho no mar
> Calunga ê e e e e
> calunga â a a a a.

- Depois do ritual de proteção nas roupas, o tamboreiro ou coral cantará um ponto para levantar todas as cargas espirituais, e todas as entidades juntas devem girar para descarregar suas matérias e levantar as cargas:

> Leva, leva pai Ogum
> leva, leva vai leva
> levando todas as cargas
> que aqui não pode ficar
> Ogum atira a ponteira
> ele atira, atira em pé
> quem leva as cargas
> é o Cacique Nazaré
> quem leva as cargas
> é o Cacique Nazaré.

- A partir desse momento, se tiver alguma consulta marcada com alguma entidade, o cambono se organizará para que isso aconteça, enquanto o tamboreiro ou coral segue cantando outros pontos variados de todas as entidades de Umbanda.
- Após terminar as consultas, o guia chefe do terreiro dará ordem para o tamboreiro ou coral cantar pontos de subida para todas as entidades dos médiuns subirem, ou seja, desincorporarem dos seus médiuns.

Esses pontos podem ser pontos de subida geral, ou pontos individuais de cada entidade, podendo ela mesma puxar o seu ponto:

> Os Caboclos vão embora
> Oxalá fez o chamado
> nós queremos a sua benção

queremos ser abençoados.
A estrela brilha
e o sol clareia a Umbanda
está na hora
seu Orixá chamou
adeus, adeus
nossos pais já vão embora
fiquem com Deus
e a Nossa Senhora.

- Nesse momento, o cambono e seus auxiliares devem ficar atentos, pois muitos médiuns desincorporam ao mesmo tempo, e alguns após a desincorporação, precisam tomar água.
- Depois de todas as entidades terem desincorporado dos seus médiuns, o guia chefe do terreiro manda o tamboreiro ou coral cantar um ponto para levantar cargas e pede ao cambono que junte e despache fora do portão, na rua ou encruzilhada todos os materiais e resíduos utilizados durante os trabalhos (velas quebradas, tocos de cigarros, restos de bebidas ou água das entidades etc.).

Descarrega, descarrega
todo o mal que aqui está
leva, leva, leva
leva pro fundo do mar
leva, leva, leva
leva pro fundo do mar
se tiveres praga de alguém
desde já seja retirado
levando pro mar adentro
nas ondas do mar salgado

> levando pro mar adentro
> nas ondas do mar salgado.

- Ao retornar, o cambono dirige-se ao guia chefe do terreiro para o mesmo descarregá-lo com um passe.

  Feito isso, o guia chefe, que deve ser o último a desincorporar, pegar um perfume já destinado para tal procedimento e espargir para o alto, perfumando todo o ambiente.

- E mandado parar de cantar o ponto, pergunta aos demais se estão bem, e despede-se com algumas palavras, desejando muita paz, saúde, felicidade e prosperidades a todos.
- Nesse momento, o tamboreiro ou coral canta o ponto do guia chefe do terreiro para que ele gire e desincorpore do seu médium. Se precisar, o cambono também o atenderá com um copo de água.
- Após desincorporar, o chefe do terreiro também perguntará se estão todos bem, pegará a sineta e se posicionará de frente para o congá para fazer o encerramento dos trabalhos, tocando a sineta, agradecendo e pedindo tudo de bom para os Orixás, guias e protetores de Umbanda.

  Ex: "Salve o povo da rua, salve o povo da mata, salve o povo da praia, salve o povo da Calunga, salve todos os Orixás, salve os Pretos-Velhos, salve os Cosmes, salve os Boiadeiros, salve os Baianos, salve os Marinheiros, salve o povo Cigano, salve todos os guias e protetores de Umbanda.

  Nessa hora sagrada agradecemos humildemente pelos trabalhos realizados e pedimos paz, saúde, felicidade, proteção, prosperidade, encaminhamento, muita força, luz, clareza em nossos pensamentos, trabalho e misericórdia para nós, para nossos irmãos e para pessoas que não nos estimam.

Que a força dessas entidades que aqui giraram possam abrir nossos caminhos, nos livrar dos inimigos, da praga rogada, do feitiço, do olho e da inveja e de todas as perturbações materiais e espirituais.

Que possam deixar a paz e a tranquilidade em nossa vida, em nosso trabalho, em nossa casa, que levem também o conforto aos hospitais, presídios, às crianças de rua, aos pobres, mendigos, aos que têm fome, frio, sede, que recebam nessa hora sagrada, um alívio e conforto de todas as entidades de Umbanda e sua Linha de Esquerda.

Que a força do povo da rua possa nos guardar e guardar nossas casas, e que a benção do grande pai Oxalá nos permita fechar nossos trabalhos com muita paz e tranquilidade. Assim Seja".

- Seguindo em frente, todos rezarão o pai-Nosso de Umbanda e cantarão o ponto do pai Oxalá ajoelhados:

Pai-nosso que estais no céu, nos mares, nas matas e em todos os mundos habitados. Santificado seja teu nome, pelos teus filhos, pela natureza, pelas águas, pela luz e pelo ar que respiramos. Que o teu reino do bem, do amor e da fraternidade nos una a todos, a tudo que criastes, em torno da sagrada cruz, aos pés do Divino Salvador e Redentor. Que a tua vontade nos conduza sempre para o culto do amor e da caridade. Dá-nos hoje e sempre a vontade firme para sermos virtuosos e úteis aos nossos semelhantes. Dá-nos hoje o pão do corpo, o fruto das matas, a água das fontes para o nosso sustento material e espiritual.

Perdoa se merecemos as nossas faltas. E dá sublime sentimento do perdão para os que nos ofendem. Não nos deixe sucumbir ante a luta, dissabores, ingratidões, tentações dos maus espíritos e ilusões pecaminosas da matéria.

Oxalá meu pai
tem pena de nós tem dó
se a volta do mundo é grande
seus poderes são bem maiores.

- Depois do ponto do pai Oxalá todos podem levantar e o tamboreiro ou o coral cantará na sequência os pontos a seguir:

Fechando nossos trabalhos
pedimos de coração
ao nosso pai Oxalá
para cumprir nossa missão
ao nosso pai Oxalá
para cumprir nossa missão
santo Antonio
que és de ourofino
arreia a bandeira
e vamos encerrar
Quem estava de ronda é são Jorge
são Jorge é quem vem ronda
quem estava de ronda é são Jorge
Jesus Maria e José.

- Após os pontos cantados de encerramento, o tamboreiro ou coral cantará um ponto para todos os médiuns se despedirem, batendo cabeça no congá e para o chefe do terreiro:

É hora
de bater a cabeça no congá
é hora

filhos de Umbanda vão se retirar
adeus Aruanda
saravá pai Oxalá e Iemanjá.

- E para encerrar, todos os médiuns darão as mãos e o tamboreiro cantará o Hino da Umbanda, e estão encerrados os trabalhos de Umbanda:

Refletiu a luz divina
em todo seu esplendor
é do Reino de Oxalá
onde há paz e amor
luz que refletiu na terra
luz que refletiu no mar
luz que veio de Aruanda
para tudo iluminar
a Umbanda é paz e amor
é um mundo cheio de luz
é a força que nos dá vida
e à grandeza nos conduz
avante, filhos de fé
como a nossa lei não há
levando ao mundo inteiro
a bandeira de Oxalá.

Abrir, conduzir e encerrar os trabalhos da Linha de Esquerda

- Antes de saírem de casa, os médiuns de corrente, incluindo tamboreiros e cambonos, devem tomar seus banhos de descarga e procurarem

estar no terreiro uma hora antes do horário marcado para o início dos trabalhos para que troquem suas roupas, arrumem seus materiais de uso e de suas entidades e formarem a corrente mediúnica.

- Após o congá, assentamento, ou firmezas da Linha de Esquerda, se for o caso, estar devidamente iluminado, os médiuns deverão formar a corrente, cada um em seus devido lugar e o tamboreiro cantará um ponto para os médiuns baterem cabeça no congá e para o chefe do terreiro:

> Você que é filho de Umbanda
> você que é filho de fé
> agora bata sua cabeça
> e peça tudo que você quer
> agora bata sua cabeça
> e peça tudo que você quer.

- Depois de todos os médiuns baterem cabeça, o chefe do terreiro (não obrigatoriamente) deverá fechar a cortina do congá, pegar a sineta e se posicionar na corrente de frente para os médiuns para fazer a chamada de abertura, tocando a sineta e pedindo o melhor para as entidades da Linha de Esquerda.

Ex: "Salve o povo das almas, salve o povo da rua, salve o povo das encruzilhadas, salve o povo da Calunga, salve o povo das estradas, salve o povo do cemitério, salve todos os Exus e Pombas-Giras.

Nessa hora sagrada abrimos a nossa gira da Linha de Esquerda pedindo aos nossos Exus e Pombas-Giras muita paz, saúde, felicidade, proteção, prosperidade, encaminhamento, muita força, luz, clareza em nossos pensamentos, trabalho e misericórdia para nós, para nossos irmãos e para nossos inimigos.

Que a força desses Exus e Pombas-Giras que aqui girarem possam abrir nossos caminhos, nos livrar dos inimigos, da praga rogada, do feitiço, do olho da inveja e de todas as perturbações materiais e espirituais.

Que possam trazer a paz e a tranquilidade em nossa vida, em nosso trabalho, em nossa casa, levando também o conforto aos hospitais, presídios, às crianças de rua, aos pobres, mendigos, aos que têm fome, frio, sede, que recebam nessa hora sagrada, um alívio e conforto de todas as entidades da Linha de Esquerda.

Que essas horas que nós perdemos aqui prestando a caridade possam se converter em muita saúde para nós e para nossa família.

Que a força desse povo da rua possa nos guardar e guardar as nossas casas, e que a benção do grande pai Oxalá nos permita abrir e fechar a nossa gira de esquerda com muita paz e tranquilidade. Assim Seja".

- Terminada a chamada, o chefe do terreiro dirige-se com a sineta ao assentamento ou firmeza de Exu e Pomba-Gira e faz uma nova chamada pedindo proteção, firmeza e segurança do terreiro durante os trabalhos, e que não haja penetração de nenhum espírito que não seja da ordem de Umbanda e sua Linha de Esquerda.
- Após essa segunda chamada, o chefe do terreiro volta para a corrente, de frente para os médiuns, e pede para o tamboreiro ou coral cantar os pontos do Ogum de Ronda a seguir para firmar a Umbanda:

Ogum que está de ronda
com sua cavalaria
na porta da romaria
salve Deus santa Maria

olha vamos saravá Ogum
olha vamos saravá Ogum
nas horas de Deus é meu Deus
nas horas de Deus é meu Deus
Oxossi assobiou
foi lá no maita
Oxossi assobiou
foi lá no maita
Ogum que está de ronda
é cavaleiro de Oxalá
Ogum que está de ronda
na porta desse congá
Ogum só da entrada
para os filhos de Oxalá.

- Após esses dois pontos cantados, se alguém tem alguma mensagem ou prece para ser lida, deverá fazê-lo nesse momento em voz alta.
- Seguindo em frente, depois da mensagem lida, se for o caso, todos rezarão o pai-nosso de Umbanda e cantarão o ponto do maioral, ajoelhados:

Pai-nosso que estais no céu, nos mares, nas matas e em todos os mundos habitados. Santificado seja teu nome, pelos teus filhos, pela natureza, pelas águas, pela luz e pelo ar que respiramos. Que o teu reino do bem, do amor e da fraternidade nos una a todos, a tudo que criastes, em torno da sagrada cruz, aos pés do Divino Salvador e Redentor. Que a tua vontade nos conduza sempre para o culto do amor e da caridade. Dá-nos hoje e sempre a vontade firme para sermos virtuosos e úteis aos nossos semelhantes. Dá-nos hoje o pão do corpo, o fruto das matas, a água das fontes para o nosso sustento material e espiritual.

Perdoa se merecemos as nossas faltas. E dá sublime sentimento do perdão para os que nos ofendem. Não nos deixe sucumbir ante a luta, dissabores, ingratidões, tentações dos maus espíritos e ilusões pecaminosas da matéria.

Bateu asa e canta o galo
na hora em que Jesus nasceu
quem manda nessas alturas meu senhor
quem pode mais do que eu.

• Terminado o ponto do maioral, todos podem levantar e o tamboreiro ou o coral cantará, na sequência, os pontos a seguir:

Abrindo nossos trabalhos
pedimos de coração
ao nosso pai Oxalá
para cumprir nossa missão
ao nosso pai Oxalá
para cumprir nossa missão
santo Antonio
que és de ourofino
suspende a bandeira
e vamos trabalhar
Ai corre gira meu pai
eu quero ver
ai corre gira meu pai
Ogum Megê
tão queimando pólvora
tão queimando vela
na linha de Umbanda

Ogum Megê vem trabalhar
será pra mim, ou será pra ela
será pra mim, ou será pra ela
baixa Ogum, baixa Ogum,
Ogum Megê
lá na porta da Calunga
eu vi você
sete cruzeiro perguntou por voz
Ogum Megê
arreia, arreia, arreia
eu quero ver
arreia, arreia, arreia
Ogum Megê
na porta do maita
eu vi você
Calunga perguntou por vós
Ogum Megê
arreia, arreia, arreia
eu quero ver
arreia, arreia, arreia
Ogum Megê
Vai lá Ogum
vai lá no cemitério
vai lá Ogum
vai lá no cemitério
é lá na catacumba
Ogum Megê tem seus mistérios
é lá na catacumba
Ogum Megê tem seus mistérios.

- Seguindo em frente, o tamboreiro ou coral cantará o ponto do Exu ou Pomba-Gira do chefe do terreiro, que após a sua chegada, firmará seu ponto e outras firmezas do terreiro, se for ocaso.

    Nesse exato momento, o ponto do Exu ou Pomba-Gira do chefe do terreiro é obrigado a ser cantado, porém o chefe do terreiro não é obrigado a ser o primeiro médium a incorporar o seu Exu ou Pomba Gira, porque se a corrente possuir um médium que trabalhe com Ogum Megê, na hora dos seus pontos, com certeza ele se apresentará.

    O chefe do terreiro, por um motivo particular ou por uma questão de aprendizado, pode destinar algum médium mais antigo e capacitado para comandar os trabalhos em seu lugar: abrir, firmar, conduzir e encerrar os trabalhos.

- Quem firmar o ponto do Exu ou Pomba-Gira chefe, e outras firmezas do terreiro, se for o caso, na abertura dos trabalhos, é o próprio chefe do terreiro, durante o ponto cantado do seu Exu ou Pomba-Gira, ou o Exu ou Pomba-Gira do médium escolhido para comandar os trabalhos. O restante segue normalmente.
- Continuando com o mesmo ponto cantado, os médiuns deverão cumprimentar o Exu ou Pomba-Gira do chefe do terreiro, ou o Exu ou Pomba-Gira do médium escolhido para comandar os trabalhos, que deve ter incorporado no ponto do Exu ou Pomba-Gira chefe do terreiro, podendo essas entidades puxarem o seu próprio ponto.

    Esse ritual de cumprimento deve começar pelos médiuns da direita e terminar pelos médiuns da esquerda. Sentido contrário do relógio.

- Após esse ritual de cumprimentos, o tamboreiro ou coral cantará um ponto de defumação. O cambono encarregado da defumação entrará defumando o terreiro no sentido cruzado, ou seja, de um canto ao outro em forma de X, depois defumará o congá. O guia chefe se defumará e depois defumará o cambono, que depois defumará os médiuns de corrente, começando da direita para a esquerda, no sentido contrário do relógio, as roupas que as pessoas levam para serem benzidas, e por último as pessoas da assistência.

>Corre gira pai Ogum
>filhos querem defumar
>Umbanda tem defumamento
>é preciso preparar
>com incenso e benjoim
>alecrim e alfazema
>defuma filhos de fé
>com as ervas de Jurema.
>Defuma Umbanda
>defuma bem
>defuma esses filhos (ou terreiro)
>para o nosso bem.

- Terminada a defumação, enquanto o cambono despacha as brasas, o tamboreiro ou coral canta um ponto de descarrego:

>O luar, o luar
>o luar
>ele é o dono da rua
>o luar

quem cometeu os seus pecados, o luar
o luar
peça perdão ao Tranca-rua
quanto sangue derramado, o luar
o luar
derramado pelo chão
o luar
quem cometeu os seus pecados, o luar
o luar
peça perdão ao Tranca-rua.

- Ao retornar, o cambono dirige-se ao Exu ou Pomba-Gira chefe com uma vela vermelha, vermelha e preta ou branca, para que o mesmo passe em seu corpo, descarregando-o.

  O destino da vela será dado pelo Exu ou Pomba-Gira chefe na hora. Será quebrada e despachada no final dos trabalhos junto com outras cargas, ou será acesa e colocada no assentamento de esquerda ou na firmeza de Ogum Megê.

- A partir desse momento, o tamboreiro ou coral começará a cantar vários pontos de Chamada Geral e Individual de cada Exu e Pomba-Gira para que todos os médiuns de incorporação recebam suas entidades da Linha de Esquerda.

Eu vou, eu vou
eu vou mandar chamar meu povo
eu vou, eu vou
eu vou mandar chamar meu povo
eu vou mandar chamar meu povo
lá na sete encruzilhadas

eu vou mandar chamar meu povo
sem Exu não se faz nada.
Eu vinha vindo de vagar
eu vinha vindo ligeiro
vai chegar a falange
dos sete cruzeiros.
Cambono segura a cantiga
que está chegando a hora
cambono segura a cantiga
que está chegando a hora
saravá toda a encruza
Exu é quem manda agora
saravá toda a encruza
Pomba-Gira é quem manda agora.

- Depois de todos os médiuns terem incorporados seus Exus e Pombas-Giras, começarão os passes na seguinte ordem: primeiro as crianças, depois as mulheres e por último os homens.
- O cambono encarregado de organizar os passes pegará as crianças e as colocará em fila para que entrem pelo lado direito, uma atrás da outra fazendo a volta e tomando proteção de cada um Exu e Pomba-Gira que estão em volta, e saindo pela esquerda. Essa volta é feita no sentido contrário do relógio.
- Em vez de fazerem a volta em fila, passando pelos Exus e Pombas-Giras, as crianças podem entrar pela direita de mãos dadas e formar um círculo de mãos dadas umas com as outras.

Dentro desse círculo ficarão dois ou três Exus ou Pombas-Giras dando proteção nas crianças, e os outros Exus e Pombas-Giras ficarão dando proteção por fora, ou seja, nas costas das crianças, circulando no sentido contrário do relógio.

- Crianças pequenas podem entrar para os passes acompanhados por um adulto, e durante os passes das crianças o tamboreiro ou coral cantará pontos de Exus Mirins:

>Meu Senhor das almas
>não faça pouco de mim
>sou um Exu criança
>meu nome é Exu Mirim
>sou um Exu criança
>meu nome é Exu Mirim.
>Caveirinha, caveirinha
>caveirinha da Calunga
>caveirinha, caveirinha
>caveirinha da Calunga
>ele é seu Caveirinha
>é o Caveirinha da Calunga
>ele é seu Caveirinha
>é da sete catacumba.

- Terminados os passes, as crianças devem sair em fila pela esquerda, enquanto o tamboreiro ou coral canta o seguinte ponto:

>Santo Antônio do mundo novo
>não deixai os seus filhos sós
>ai meu santo Antônio
>desamarre os seus caminhos
>ai meu santo Antônio
>ilumine os seus caminhos.

- O passe das mulheres é praticamente igual ao das crianças: o cambono encarregado colocará as mulheres em fila para que entrem pelo lado direito, uma atrás da outra fazendo a volta e tomando proteção de cada um Exu e Pomba-Gira que estão em volta, e saindo pela esquerda. Essa volta é feita no sentido contrário do relógio.
- Em vez de fazerem a volta em fila passando pelos Exus e Pombas-Giras, as mulheres podem entrar pela direita de mãos dadas e formar um círculo de mãos dadas umas com as outras.

    Dentro desse círculo ficarão dois ou três Exus ou Pombas-Giras dando proteção nas mulheres, e os outros Exus e Pombas-Giras ficarão dando proteção por fora, ou seja, nas costas delas, circulando no sentido contrário do relógio.

- Durante os passes das mulheres, o tamboreiro ou coral cantará pontos de Pombas-Giras:

> Exu Maria Padilha
> mulher da máfia
> mulher de Lúcifer
> trabalha na noite escura
> o seu feitiço tá na ponta do seu garfo
> tá debaixo do seu pé
> me chamam de leviana
> e até mesmo mulher de cabaré
> mas a língua do povo não tem osso
> deixa esse povo falar
> mas a língua do povo não tem osso
> deixa esse povo falar.
> Pomba-Gira é mulher

de domingo até segunda
Pomba-Gira é mulher
de domingo até segunda
na boca de quem não presta
Pomba-Gira é vagabunda
na boca de quem não presta
Pomba-Gira é vagabunda.
Olha a moça bonita
ela é a rainha das almas
olha a moça bonita
ela é a rainha das almas
deu meia-noite uma mulher gargalhar
deu meia-noite uma mulher gargalhar
vamos Saravá encruza
Pomba-Gira das almas
vamos Saravá encruza
Pomba-Gira das almas.

- Terminados os passes, as mulheres devem sair em fila pela esquerda enquanto o tamboreiro ou coral canta o seguinte ponto:

Santo Antônio do mundo novo
não deixai os seus filhos sós
ai meu santo Antônio
desamarre os seus caminhos
ai meu santo Antônio
ilumine os seus caminhos.

- Os passes dos homens muda somente durante o canto do tamboreiro ou coral (ponto de Exu):

Ai meu santo Antonio
vim aqui pedir meu pão
eu vim aqui
pedir a proteção
a santo Antonio
são Pedro e são João
mas eu vim aqui
pedir a proteção
a santo Antonio
são Pedro e são João
Eu andava perambulando
sem ter nada o que comer
vou pedir às santas almas
que venham me socorrer
foi as almas que me ajudou
foi as almas que me ajudou
foi as almas que me ajudou
e viva Deus nosso Senhor!
foi as almas que me ajudou
foi as almas que me ajudou
foi as almas que me ajudou
e viva Deus nosso Senhor!
É no mar de Marabô
onde mora o Exu maré
tem uma Calunga linda
acredite se quiser
você tem que ir
você tem que acreditar
a maior Calunga é
lá no fundo do mar

você tem que ir
você tem que acreditar
a maior Calunga é
lá no fundo do mar.

• Terminados os passes, os homens devem sair em fila pela esquerda, enquanto o tamboreiro ou coral canta o seguinte ponto:

Santo Antônio do mundo novo
não deixai os seus filhos sós
ai meu santo Antônio
desamarre os seus caminhos
ai meu santo Antônio
ilumine os seus caminhos.

• Após a saída dos homens, o cambono pegará as roupas que as pessoas levam para serem benzidas e entregará ao primeiro Exu ou Pomba-Gira da direita para que dê a sua proteção e passe adiante ao Exu ou Pomba-Gira seguinte, até chegar na última entidade da esquerda que, após dar sua proteção, devolverá as roupas para o cambono.

Se forem muita roupas, o cambono poderá passar aos poucos para o primeiro Exu ou Pomba-Gira, como se fosse em fila.

• Outra forma de dar proteção nas roupas é: O cambono pega as roupas (não podem ser pretas, íntimas nem estar viradas do avesso) e as espalha no chão no meio do recinto, os Exus e Pombas-Giras se ajoelham de frente para as roupas e dão proteção, sem tocar nas roupas.

- Durante todo esse ritual de passes nas roupas, o tamboreiro ou coral cantará o ponto a seguir ou pontos de Exu e Pomba-Gira:

> Santo Antônio do mundo novo
> não deixai os seus filhos sós
> ai meu santo Antônio
> desamarre os seus caminhos
> ai meu santo Antônio
> ilumine os seus caminhos.

- Depois do ritual de proteção nas roupas, o tamboreiro ou coral cantará um ponto para levantar as cargas espirituais, e todos os Exus e Pombas-Giras juntos devem girar para descarregar suas matérias e levantar as cargas:

> Com seus garfos cruzados
> e a sua capa encarnada
> quem quiser vencer demanda
> vai na sua encruzilhada.

- A partir desse ponto cantado, se tiver alguma consulta marcada com algum Exu ou Pomba-Gira, o cambono organizará para que isso aconteça, enquanto o tamboreiro ou coral segue cantando outros pontos variados de Exu e Pomba-Gira.
- Após terminar as consultas, se for o caso, o Exu ou Pomba-Gira chefe do terreiro dará ordem para o tamboreiro ou coral cantar pontos de subida, para todos os Exus e Pombas-Giras dos médiuns subirem, ou seja, desincorporarem dos seus médiuns.

Esses pontos podem ser pontos de subida geral, ou pontos individuais de cada Exu ou Pomba-Gira, podendo eles mesmos puxarem o seu ponto:

São Miguel chama
é hora, é hora
a balança pesa
os Exus já vão embora
são Miguel chama
é hora, é hora
a balança pesa
as Pombas-Giras já vão embora.
Os Exus já vão embora
são Miguel fez o chamado
nós queremos a sua benção
queremos ser abençoados
as Pombas-Giras já vão embora
são Miguel fez o chamado
nós queremos a sua benção
queremos ser abençoados.

- Nessa hora, o cambono e seus auxiliares devem ficar atentos, pois muitos médiuns desincorporam ao mesmo tempo, e alguns precisam tomar água após a desincorporação.
- Depois de todos os Exus e Pombas-Giras terem desincorporado dos seus médiuns, o Exu ou Pomba-Gira chefe do terreiro manda o tamboreiro ou coral cantar um ponto de levantar cargas e pede ao cambono que junte e despache fora do portão, na rua ou encruzilhada, todos os materiais e resíduos utilizados durante os

trabalhos (velas quebradas, bitucas de cigarros, restos de bebidas ou água das entidades etc.)

> Seu Destranca rua
> destranca meus caminhos
> que foi trancado
> pelo povo pequenino.

- Ao retornar, o cambono dirige-se ao Exu ou Pomba-Gira chefe do terreiro para que este o descarregue com um passe.
- Feito isso, o Exu ou a Pomba-Gira chefe, que deve ser o último a desincorporar, com um perfume, esparge para o alto, perfumando todo o ambiente.
- Depois, manda pararem de cantar o ponto, pergunta se estão todos bem, e se despede com algumas palavras suas, desejando também muita paz, saúde, felicidade e prosperidades a todos.
- Nesse momento o tamboreiro ou coral canta o ponto do Exu ou Pomba-Gira chefe do terreiro para que ele gire e desincorpore do seu médium. Se precisar, o cambono também o atenderá com um copo de água.
- Após desincorporar, o chefe do terreiro também perguntará se estão todos bem, pegará a sineta e se posicionará de frente para os médiuns para fazer o encerramento dos trabalhos, tocando a sineta, agradecendo e pedindo tudo de bom para todos os Exus e Pombas-Giras.

Ex: "Salve o povo das almas, salve o povo da rua, salve o povo das encruzilhadas, salve o povo da Calunga, salve o povo das estradas, salve o povo do cemitério, salve todos os Exus e Pombas-Giras.

Nessa hora sagrada, fechamos a nossa gira da Linha de Esquerda pedindo aos nossos Exus e Pombas-Giras, muita paz, saúde, felicidade, proteção, prosperidade, encaminhamento, muita força, luz, clareza em nossos pensamentos, trabalho e misericórdia para nós, para nossos irmãos e para aqueles que buscam fazer o mal para nós.

Que a força desses Exus e Pombas-Giras que aqui giraram possam abrir nossos caminhos, nos livrar dos inimigos, da praga rogada, do feitiço, do olho da inveja e de todas as perturbações materiais e espirituais.

Que possam trazer a paz e a tranquilidade na nossa vida, no nosso trabalho, na nossa casa, levando também o conforto aos hospitais, presídios, às crianças de rua, aos pobres, mendigos, aos que têm fome, frio, sede, que recebam nessa hora sagrada um alívio e conforto de todas as entidades da Linha de Esquerda.

Que essas horas investidas aqui, prestando a caridade, possam se converter em muita saúde para nós e para nossa família.

Que a força desse povo da rua possa nos guardar e guardar as nossas casas, e que a benção do grande pai Oxalá nos permita fechar a nossa gira de esquerda com muita paz e tranquilidade. Assim seja."

- Em seguida, todos rezarão o pai-nosso de Umbanda e cantarão o ponto do Maioral ajoelhados.

Pai-nosso que estais no céu, nos mares, nas matas e em todos os mundos habitados. Santificado seja teu nome, pelos teus filhos, pela natureza, pelas águas, pela luz e pelo ar que respiramos. Que o teu reino do bem, do amor e da fraternidade nos una a todos, a tudo que criastes, em torno da sagrada cruz, aos pés do Divino Salvador e Redentor. Que a tua vontade nos conduza sempre para o culto do amor e da caridade. Dá-nos hoje e sempre a vontade

firme para sermos virtuosos e úteis aos nossos semelhantes. Dá-nos hoje o pão do corpo, o fruto das matas, a água das fontes para o nosso sustento material e espiritual.

Perdoa se merecemos as nossas faltas. E dá sublime sentimento do perdão para os que nos ofendem. Não nos deixe sucumbir ante a luta, dissabores, ingratidões, tentações dos maus espíritos e ilusões pecaminosas da matéria.

> Bateu asa e canta o galo
> na hora em que Jesus nasceu
> quem manda nessas alturas meu senhor
> quem pode mais do que eu.

- Terminado o ponto do Maioral, todos podem levantar e o tamboreiro ou o coral cantará, na sequência, os pontos a seguir:

> Fechando nossos trabalhos
> pedimos de coração
> ao nosso pai Oxalá
> para cumprir nossa missão
> ao nosso pai Oxalá
> para cumprir nossa missão
> santo Antonio
> que és de ourofino
> arreia a bandeira
> e vamos encerrar
> Quem estava de ronda é são Jorge
> são Jorge é quem vem ronda
> quem estava de ronda é são Jorge
> Jesus Maria e José.

- Após os pontos cantados de encerramento, o tamboreiro ou coral cantará um ponto para todos os médiuns se despedirem, batendo cabeça no congá e para o chefe do terreiro:

É hora
de bater a cabeça no congá
é hora
filhos de Umbanda vão se retirar
adeus Aruanda
saravá pai Oxalá e Iemanjá.

- E para encerrar, todos os médiuns darão as mãos e o tamboreiro ou coral cantará o Hino da Umbanda, e estão encerrados os trabalhos da Linha de Esquerda:

Refletiu a luz divina
em todo seu esplendor
é do Reino de Oxalá
onde há paz e amor
luz que refletiu na terra
luz que refletiu no mar
luz que veio de Aruanda
para tudo iluminar
a Umbanda é paz e amor
é um mundo cheio de luz
é a força que nos dá vida
e à grandeza nos conduz
avante, filhos de fé
como a nossa lei não há
levando ao mundo inteiro
a bandeira de Oxalá.

Importante:

- Das várias formas que existem, estas são apenas algumas simples de se abrir, conduzir e fechar os trabalhos de Umbanda e sua Linha de Esquerda. Se preferir, você poderá mudar, substituir, tirar ou acrescentar algo a seu critério ou a critério da sua entidade.
- Os pontos citados acima são apenas sugestões. Você poderá mudar para outros similares a seu critério ou a critério da sua entidade.
- O chefe do terreiro ou a pessoa que for comandar os trabalhos de Umbanda ou da sua Linha de Esquerda, não são obrigadas a serem os primeiros a incorporarem sua entidade, mas devem ser os últimos a desincorporar.
- Alguns chefes de terreiros acham que durante os trabalhos da Linha de Esquerda não se deve fazer defumação, e os Exus e Pombas-Giras não devem dar passes em roupas, pessoas e principalmente em crianças. Já outros pensam totalmente o contrário e acham que, se nos trabalhos da Linha de Esquerda não se podem fazer defumações, os Exus e Pombas-Giras não podem dar passes em uma roupa, nas pessoas, nas crianças, não terão o que fazer dentro do terreiro.

    Como esses chefes, que pensam de forma contraditória, são a maioria e têm um conceito totalmente diferente de Exu e Pomba-Gira, concordamos e optamos por colocar defumações e passes no item "Abrir, conduzir e encerrar os trabalhos da Linha de Esquerda", pois, assim como os Caboclos, os Exus e Pombas-Giras também são entidades que só querem o nosso bem.

- A defumação pode ser feita no início dos trabalhos ou no final, sem problema algum. Optamos por fazer no início para que as pessoas da assistência e as roupas que muitos levam para serem

benzidas possam ser defumadas, além de deixar o ambiente, limpo, higienizado, perfumado e com boas vibrações no começo dos trabalhos, facilitando uma boa incorporação das entidades.

- As roupas que as pessoas levam para serem benzidas, em hipótese alguma, devem ser de cor preta ou íntimas, nem mesmo nos trabalhos da Linha de Esquerda.
- Durante a realização dos trabalhos da Linha de Esquerda, não há necessidade alguma de isolar, tapar, ou fechar com cortina o congá de Umbanda. Se preciso, deve-se também iluminá-lo antes de começar os trabalhos.
- Se após os trabalhos de Umbanda você ou o seu guia optar por dar uma virada (gira) da Linha de Esquerda para descarregar o ambiente, não há necessidade de abrir ou fechar essa gira de esquerda usando todos os itens citados acima em "Abrir, conduzir e encerrar os trabalhos da Linha de Esquerda". Mesmo porque já está tudo firmado e a gira já está aberta e pertence à Umbanda, portanto, após os caboclos desincorporarem, o tamboreiro cantará direto para a Linha Esquerda começando pelo ponto do Maioral, um ou dois pontos do Ogum Megê, o ponto do Exu ou Pomba-Gira da casa, e, na sequência, vários pontos de chamada geral ou individual da cada Exu e Pomba-Gira. Por uma questão de tempo, os caboclos podem dar passagem (largar) o médium direto para o Exu ou Pomba-Gira do médium, sem problema algum, assim a gira não terminará muito tarde.
- Nessa pequena gira de esquerda não haverá defumações e passes e após os Exus e Pombas-Giras desincorporarem, o encerramento segue igual como foi ensinado no item "Abrir, conduzir e encerrar os trabalhos de Umbanda", pois a gira que começou e pertence à Umbanda.

Diferença entre Médiuns Espíritas e de Umbanda

(Edvaldo Kulcheski)

Não há separatividade

Evidentemente, sabe-se que não há separatividade nem competição entre os espíritos bem-feitores, responsáveis pela espiritualização da humanidade. As dissensões sectaristas, críticas comuns entre adeptos espiritualistas, discussões estéreis e os conflitos religiosos, são frutos da ignorância, inquietude e instabilidade espiritual entre os encarnados.

Os mentores espirituais não se preocupam com a ascendência do Protestantismo sobre o Catolicismo, do Espiritismo sobre a Umbanda, dos teosofistas sobre os Espíritas, mas lhes interessa desenvolver nos homens o amor que salva e o bem que edifica!

Os homens devem respeitar a preferência alheia

Todas as coisas são exercidas e conhecidas no tempo certo do grau de maturidade espiritual de cada ser. Em consequência, ser católico, espírita, protestante, umbandista, teosofista, muçulmano, budista, hinduísta, esoterista ou ateu não passa de uma experiência transitória em determinada época do curso ascensional do espírito eterno!

As polêmicas, os conflitos religiosos e doutrinários do mundo não passam de verdadeira ilusão.

É tão desairoso para o católico combater o protestante, ou o espírita combater o umbandista, como em sentido inverso, pois os homens devem respeitar-se mutuamente na preferência alheia, segundo o seu grau de entendimento espiritual.

Sectarismo é um resíduo do primitivismo

O sectarismo religioso, como todo sectarismo, não é mais que um resíduo das fases primitivas da evolução humana. E na proporção, porém, em que a humanidade evolui, o espírito humano se alarga superando barreiras e destruindo fronteiras. O homem se universaliza, sua mente se abre a uma compreensão mais ampla do mundo.

Para o sectarista, só os da sua seita prestam, só eles estão certos e merecem a proteção de Deus.

O Espiritismo é universalista

O Espiritismo é doutrina universalista porque o principal motivo de sua atuação e existência são os acontecimentos e problemas derivados do espírito, isto é, da entidade universal.

O Espiritismo é universalista, mas não lhe cabe a culpa se alguns espíritas desmentem essa salutar conceituação, e desperdiçam seu precioso tempo com o julgamento e agressividade mental aos demais trabalhadores da espiritualidade.

O Espiritismo não se proclama o único meio de salvação humana, nem se diz o detentor exclusivo da verdade. Do ponto de vista espírita, todas as religiões são formas de interpretação da suprema verdade, e todas conduzem o homem a Deus, quando praticadas com sinceridade.

O que importa, como dizia Kardec, não é a forma, mas o espírito. De uma vez por todas, os espíritas precisam libertar-se dos resíduos sectaristas.

O amor é a maior verdade

Em outras palavras, é completamente inútil o combate que movemos contra as ideias que não admitimos. A verdade é uma só e, um dia, raiará para todos, como o Sol que aquece e ilumina todos os quadrantes do planeta.

O que o Cristo espera de seus tutelados é a união de propósitos em torno do bem, é o trabalho incessante em favor de nossa iluminação individual, é a promoção intelectual, moral e espiritual de nossos irmãos em humanidade.

Somente praticando a fraternidade e a tolerância, poderemos ajudar na construção do mundo sem barreiras, que será o Reino de Deus na Terra.

Recordemos do que nos disse o apóstolo Paulo: "Ainda que eu fale as línguas dos homens e dos anjos, se não tiver amor, nada serei; Ainda que eu tenha o dom de profetizar e conheça todos os mistérios e toda a ciência, se eu não tiver amor, nada serei; Ainda que tenha tamanha fé, a ponto de transportar montanhas, se não tiver amor, nada serei e nada disso se aproveitará".

Origem do mediunismo

A África foi colonizada em parte pela Índia e pelo Egito, que desde a antiguidade praticavam o mediunismo. Portanto, o afro-mediunismo tem suas origens no antigo Egito e na Índia.

O afro-mediunismo foi trazido ao Brasil através dos escravos a partir do ano de 1600.

O Espiritismo surgiu na França em 1857 e veio para o Brasil próximo ao ano de 1900 e isso mostra que a origem da Umbanda e do Candomblé nada tem a ver com o Espiritismo.

Origem da Umbanda

A Umbanda é um movimento de natureza religiosa e mediúnica, que alguns tentam atribuir sua origem ao Egito, à Índia ou à cadeia.

O certo é que a doutrina de Umbanda, atualmente praticada no Brasil, deriva-se fundamentalmente do culto religioso com raízes exclusivamente africanas, que fundiu suas crenças supersticiosas e intercambiou-se com os antepassados, na mistura do culto católico, de ritos e práticas ocultas dos ameríndios. Ademais, esse sincretismo religioso ainda influenciou-se fortemente pelo Espiritismo, adotando algumas práticas, preces e postulados.

Espiritismo não adota nem condena as práticas exteriores

O Espiritismo não adota em seu seio o uso de símbolos, ritos, hierarquias religiosas, práticas fetichistas, adorações ou cantos folclóricos, porque a sua composição doutrinária cuida, principalmente da libertação do espírito, de formas transitórias do mundo.

O Espiritismo, como sistema ou doutrina dos Espíritos, firma seus postulados nas bases principais transmitidas do "Além", enquanto a Umbanda, na atualidade, ainda é sincretismo religioso, ritos e costumes religiosos de diversas etnias e povos. Mas não se pode censurar o uso de tais apetrechos, cerimônias e costumes primitivos na Umbanda, pois trata-se de um movimento espiritualista com práticas e princípios diferentes da codificação Espírita Kardecista.

Religiosos vinculados às práticas exteriores acomodam-se melhor na Umbanda

Não pretendemos fazer distinções de qualidade espiritual ou doutrinária entre Espiritismo e a Umbanda, porém, assinalamos que os crentes de outras religiões acomodam-se mais facilmente nos terreiros, pois ali encontram um sucedâneo para expressar a sua emotividade religiosa.

Os religiosos ainda vinculados à adoração de imagens, a rituais, cânticos, incenso, ladainhas, promessas, velas, santos e outros aparatos do culto exterior, encontram no ambiente da Umbanda algo familiar, que os acostumam no intercâmbio com os espíritos desencarnados, não sendo difícil, mais tarde, a sua adesão aos postulados do Espiritismo decodificado por Allan Kardec.

Aprendem, com os Pretos-Velhos e Caboclos a realidade da doutrina da reencarnação e da lei do Carma, que não aprendiam antes nas igrejas e templos religiosos.

Familiarizam-se com os conceitos sem dar um salto brusco

Embora o Espiritismo ofereça compensações elevadas no campo de uma espiritualidade mais pura, é sempre mais difícil a estes religiosos abandonarem suas igrejas com suas imagens, luzes, flores e cânticos. E um salto muito brusco seria deixar de modo muito súbito tudo que lhes é tão familiar e simpático.

Durante o estágio da Umbanda, eles familiarizam-se com a técnica das comunicações, aprende as sutilezas do mundo invisível e confiam na proteção dos Caboclos ou Pretos-Velhos, entre santos e rituais que lhe agradam mais.

Espiritismo e Umbanda são muito diferentes

Não é conveniente confundir ambos os gêneros de trabalho e função do Espiritismo e da Umbanda. O Espiritismo abrange o conjunto de criaturas que já se mostram em condições de ativar o seu progresso espiritual independentemente das formas do mundo; não há rituais e nem a preocupação com exterioridades e problemas de ordem exclusivamente material.

A Umbanda, no entanto, trabalha com a mensagem endereçada aos homens que ainda requerem o ponto de apoio no rito, nas imagens, nos símbolos e no fenômeno mediúnico para focalizar a sua emotividade religiosa.

Mas não importa se o indivíduo é espiritista ou umbandista, porém, interessa a sua conduta e o seu procedimento junto à humanidade! Ninguém vale pela sua crença, mas sim pelas suas obras.

Umbanda é mediunismo, mas não é Espiritismo!

É a doutrina que admite a lei da Reencarnação e o processo de causa e efeito do carma, merecendo também os mais sinceros louvores pelas curas dos enfermos e obsedados.

Juntamente com as falanges de espíritos primários ou pagãos, também operam na Umbanda espíritos de elevada estirpe espiritual, confundidos entre Pretos-Velhos, Caboclos, Índios ou Negros, originários de várias tribos africanas. Os mentores de Umbanda, no momento, preocupam-se em eliminar as práticas obsoletas, dispersivas e até censuráveis, que ainda exercem os umbandistas alheios aos fundamentos e ao objetivo espiritual da doutrina.

Umbanda atua no astral mais denso

Os trabalhos mediúnicos de Umbanda ajudam a atenuar as violências das entidades cruéis e vingativas que se aglomeram sobre o campo terrestre.

Os grupos de Caboclos, Índios e Pretos-Velhos que são incorporados constituem-se na corajosa defensiva, segregando as entidades demasiadamente perversas que não sabem viver entre as outras criaturas. O Espiritismo, como a Umbanda, apesar do seu labor mediúnico diferente, também cumpre determinações do Alto e tende para o mesmo objetivo.

Enquanto a Umbanda aperfeiçoa a prática mediúnica no campo da fenomenologia mais densa do astral inferior, o Espiritismo doutrina os homens para a sua libertação definitiva das formas do mundo transitório da carne! Malgrado a aparência de ambos se contradizerem, a Umbanda ajusta o vaso e o Espiritismo asseia o líquido; a Umbanda aprimora a lâmpada e o Espiritismo apura a chama!

ISSO NÃO É UMBANDA!

- Médiuns que se travestem de Exu e Pomba-Gira, falando absurdos, intimidando, amedrontando e xingando as pessoas da assistência.

- Entidades que bebem e fumam descontroladamente, deixando seus médiuns alcoolizados para então, liberados do seu ego, cometerem os mais absurdos possíveis.
- O médium que não se conhece de verdade, não conhece seu caráter, sua personalidade, seus desejos, ideais e seus objetivos a serem alcançados em relação a si e ao outros seres humanos.
- O médium que não sabe por que está na Umbanda, porque é ou quer ser um médium de Umbanda.
- O médium ou entidade que tem o infeliz hábito de julgar seu semelhante achando que só ele é o dono da verdade.
- O médium que não tem o hábito de fazer a caridade e tem dentro de si o orgulho, vaidade, inveja, egoísmo, ódio, rancor e ambição.
- O médium que fala demais da vida alheia, principalmente dos objetivos que as pessoas o procuram para consultas.
- O médium que fica desejando tudo aquilo que não pode, além de ficar desejando também o mal de seus irmãos.
- O médium que fica todo tempo de gira no terreiro observando ou desejando alguma coisa do sexo oposto.
- O médium que não tem equilíbrio dos seus pensamentos e ações: é muito ansioso, depressivo, eufórico em excesso e totalmente descontrolado sobre sua incorporação.
- O médium que não procura fazer diariamente uma análise sobre seus atos e pensamentos em relação aos seus semelhantes.
- O médium que não tem paz, sossego, serenidade, tranquilidade, carinho, carisma, confiança em si e suas entidades.
- O médium ou entidade que tem seus aspectos psíquicos e emotivos descontrolados, tais como nervosismo, insegurança, agitação, irritação, desassossego, temperamento impulsivo e dominação.

- O médium que não tem os devidos cuidados com sua alimentação: comendo, bebendo e fumando em excesso. Não cuida da higiene pessoal nem espiritual com banhos e defumações de ervas.
- O médium que não assume a sua religião com toda serenidade, se escondendo por sentir vergonha de dizer "eu sou umbandista".
- O médium que não aceita a religião que frequenta com amor, dignidade e respeito.
- O terreiro que não aceita adeptos vindos de outros cultos, tendo privilégios e preconceitos de cor, etnia e religião.
- O terreiro que dá importância ao dinheiro, às pessoas de classes mais altas e não à caridade.
- Médiuns que ficam pulverizando as encruzilhadas perto de residências com galinhas mortas, garrafas, copos e uma infinidade de materiais que tem uma decomposição muito lenta, prejudicando assim o próprio meio ambiente onde vive.
- O médium do sexo feminino que, estando no seu período menstrual, incorpora, dá consultas e realiza rituais ou trabalhos para as pessoas.
- O médium que, após ter ingerido bebida alcoólica, incorpora, dá consultas e realiza rituais ou trabalhos para as pessoas.
- O chefe do terreiro que, mesmo estando com obrigações no terreiro de cruzamento de cabeça dos seus médiuns, consome bebidas alcoólicas, vai para bailes e festas e pratica sexo.
- O médium ou chefe do terreiro que só passa no cemitério para fazer despachos e feitiços com o intuito de prejudicar alguém.
- O chefe do terreiro ou mesmo o médium que vai para o terreiro nervoso, agitado, depressivo, com raiva ou após ter discutido com alguém.

- O chefe do terreiro ou médium que se apresenta para trabalhar com suas entidades na Umbanda usando roupas pretas ou coloridas (exceto na Linha de Esquerda).
- O chefe do terreiro ou médium que não costuma ler livros, assistir palestras, buscar conhecimentos, se informar sobre fundamentos, princípios, raiz, doutrina da religião que pratica.
- Entidades que sobem diversas vezes para seus médiuns irem ao banheiro e tornam a incorporar novamente, muitas vezes indo ao banheiro sem desincorporar do seu próprio médium.
- O terreiro que não tem hora para começar e nem para terminar os seus trabalhos dentro ou fora do terreiro.
- O chefe do terreiro, médium ou a própria entidade que marca consultas com o sexo oposto em dias, horas e locais separados dos de costume.
- Médium ou entidade com ataques descontrolados diante da assistência, com gritos, humilhação e, às vezes, até com agressão físicas.
- Entidade que, durante as consultas, falam mais que o necessário, criticam, ofendem, mentem, criam intrigas entre as pessoas e as entidades, não respeitando os preceitos da religião.
- Médiuns que não tem assiduidade e responsabilidade, faltando às sessões de trabalhos, sem motivo algum.
- O médium que não esta contente no seu terreiro, participando dos trabalhos contrariadamente, às vezes por não aceitar as normas do chefe ou do terreiro. Esse médium deve procurar outro terreiro urgentemente.
- Entidades que, para dar o passe, precisam apalpar as formas bonitas de uma pessoa do sexo oposto, e muitas vezes dá o endereço do seu cavalo para encontros amorosos.
- Terreiros que dão tratamentos especiais, ou seja, considerado mais forte, despindo os clientes para passar-lhes certos trabalhos pelo corpo nu.

- Chefe de terreiro que faz da religião sua profissão ao invés de sua missão. Muitas vezes fazendo outros chefes de terreiros às pressas, sem dom algum, simplesmente pelo dinheiro pago.
- Terreiros que sacrificam animais em série, sem critério algum, suas carnes não são consumidas, não são distribuídas, vão parar nas encruzilhadas, inundando-as, sem fundamento algum.
- Entidades pedinchonas de linguajar e hábitos grosseiros, que ficam pedindo oferendas, bebidas, sacrifícios em exagero para resolver esse ou aquele problema.
- Entidades que, por troca de um bom dinheiro para seu médium, ou por certas oferendas absurdas, prometem juntar, separar ou até mesmo matar alguém.
- Terreiros que aceitam e concordam com o aborto, onde certas "entidades" ensinam até mesmo chás abortivos para as pessoas.
- Entidade que ameaça, amaldiçoa, promete arrebentar com a vida de alguém ou até mesmo destruir uma pessoa.
- Entidade que quer bebidas caras e finas, cerveja gelada, e quando sobe deixa o seu médium em coma alcoólico.
- Entidades que saem do recinto sagrado e segurado para dar passes, consultas para conversar com as pessoas do lado de fora do salão.
- Entidade ou chefe de terreiro que desmerece, diminui, condena, os trabalhos ou rituais de outros, afirmando estar tudo errado.
- Terreiros que só trabalham e são dirigidos por entidades da Linha de Esquerda, ou seja, Exus e Pombas-Giras.
- Médiuns que tem a presunção de achar que trabalham com as melhores entidades de Umbanda e sua Linha de Esquerda.
- Médiuns que são ambiciosos e ficam invocando suas entidades para punir ou perseguir pessoas que são seus desafetos.

- Médiuns que não gostam de incorporar e vão ao terreiro apenas para divertir-se com os defeitos dos outros e debochar de tudo e de todos.
- Médium que só comparece no terreiro quando tem alguma festa ou homenagem a uma entidade. Depois somem novamente.
- O médium que não é atencioso, amigo, gentil com seus pais, irmãos, pessoas mais velhas, crianças e com seu chefe e irmãos de corrente.
- O médium ou chefe do terreiro que quer ser o centro das atenções, brincando, conversando e dando gargalhadas na hora dos trabalhos.
- O médium que esquece que os rituais de Umbanda são horas sagradas, não respeita a hierarquia do terreiro e dirige-se aos mais velhos, sem nenhuma humildade.
- O médium que se julga importante dentro do terreiro de Umbanda, sem saber que é apenas um instrumento dos guias e protetores.
- O médium ou chefe do terreiro que não tem os devidos cuidados com seus utensílios religiosos, e fica fazendo comparações de religiões e doutrinas.
- O médium que não tem simplicidade, paciência, esperança, ânimo e força para vencer todo o tipo de mal.
- O médium que com seus excessos de teimosia, nervosismo, orgulho, ciúmes, paixões e ambições só trás aborrecimento para o terreiro e seus irmãos.
- O médium ou chefe do terreiro que não tem cuidado com as perigosas artimanhas, e se envolve rapidamente em seus perigos, principalmente o sexo e álcool.
- O médium que não tem como meta principal de sua vida a caridade, bondade, verdade, carinho e amor pelo seu semelhante.

- O médium ou chefe do terreiro que tem no coração sentimentos de superioridade, desejos de comparações, além de ser um ditador de normas e condutas.
- Terreiros que atormentam os vizinhos até altas horas da madrugada com seus tambores, batidas ou pancadas ensurdecedoras, perturbando o sossego de quem necessita dormir e descansar para trabalhar no outro dia.
- Malandros que se disfarçam de umbandistas e abrem casas a torto e direito, porque veem na Umbanda um meio de ganhar dinheiro, prestígio e prazeres.
- Médiuns mal preparados, com má formação moral, que se aproveitam de sua mediunidade para vigarices. Iludem com certos contos do vigário em que pobres vítimas caem no que é dito, dando o que têm o que não têm aos pilantras que se dizem iluminados.
- O médium ou chefe do terreiro que explora a caridade em nome das entidades comercializando a religião de Umbanda e seus preceitos.
- O médium invejoso que calunia, mente, simplesmente para destruir o patrimônio moral, material e espiritual alheio.
- O médium ou chefe do terreiro que não cumpre suas obrigações moral e social dentro do terreiro, colocando as coisas do sexo em primeiro lugar.
- O médium que não possui paciência ou tolerância com os pequenos, leigos, aprendizes ou até mesmo com os ignorantes, alimentando preconceitos sociais e raciais.
- Os médiuns fracos e orgulhosos que ignoram o valor da humildade, não sabem perdoar para também merecer o perdão.
- Os médiuns mistificadores que, procurando enganar os outros enganam a si mesmo, envaidecendo-se da sua "mediunidade".

- Os médiuns que só frequentam as sessões para satisfazer seus desejos absurdos, não ajudam os necessitados e quando necessitam, querem ser ajudados pelos guias e protetores.
- Médiuns que acham que o seu pai de Santo ou chefe do terreiro tem que resolver todos os seus problemas, materiais e espirituais. Esses médiuns não querem um pai de Santo ou chefe de Terreiro, e sim uma babá.
- Terreiros que permitem que o tamboreiro toque o tambor bebendo, usando calçados e muitas vezes até boné.
- Chefe do terreiro que diz ter as melhores entidades, e que se ele não pode ou consegue, ninguém mais pode.
- Guerra de chefes de terreiros e médiuns de corrente, em que uns onde uns querem saber mais do que os outros.
- Médiuns pulando de terreiro em terreiro como macacos pulando de galho em galho, buscando um melhor Axé de emprego, dinheiro, negócios e grandes amores.
- O médium considerado pronto, que dá consultas a várias pessoas e, para si, prefere tirar consultas com os outros.
- Chefe do terreiro, médiuns ou grupos desunidos, sem disciplina e união em torno dos objetivos comuns da religião de Umbanda.
- Médiuns inseguros e vaidosos, principalmente aqueles que veem nos rituais espirituais ou esotéricos uma forma de conseguirem a atenção de seus semelhantes.

Vocabulário de alguns termos usados na Umbanda de várias procedências, incluindo corruptelas

ACAÇÁ – Oferenda feita de maisena
ADJÁ – Sineta, campainha
AGÔ – Licença
AGÔGÔ – Instrumento musical
AGOIÊ – Licença concedida
ALÁ – Manto branco
ALAFIM – Espécie de xangô
ALDEIA – Povoado de índios
ALIBÁ – Polícia
ALUVAIÁ – Corresponde a Exu
ARAPONGA – Pássaro
ARRIAR – Pôr no chão
ARUANDA – Cidade astral
ASSENTAMENTO – Feitura das entidades nas vasilhas.
ASSENTO – Santuário
ATABAQUE – Tambor
ATARÉ – Pimenta da costa
ATIM – Pó de pemba

AXÉ – Força, Luz, Energia
AXEXÊ – Cerimônia fúnebre
AXOXÔ – Milho cozido
BACURO DE PEMBA – Filho de Umbanda
BACURU – Filho de Santo
BAIXAR O GUIA – Incorporar
BANHO DE DESCARGA – Banho de ervas
BARÁ – O mesmo que Exu
BOMBOGIRA – Pomba-Gira
BREVE – Patuá
BÚZIUS – Conchas marítimas
CAATINGA – Mata rala
CABEÇA DE LEGIÃO – Chefe de Falange
CABOCLO – Espírito de índio
CAJU – Casa
CALUNGA GRANDE – Mar
CALUNGA PEQUENA – Cemitério
CAMUTUÊ – Cabeça
CAMPO SANTO – Cemitério
CANDOMBLÉ – Culto afro-brasileiro
CANELA PRETA – Soldado, polícia
CANZUÁ – Casa, Lar, Domicílio
CAPANGA – **Bolsa ou** valentão
CAPANGUEIRO – Companheiro
CARACOL – Concha do mar
CARREGADO – Maus fluidos
CHARUTO BRANCO – Cigarro
CHEGADA – Manifestação do Orixá
COISA FEITA – Feitiço
CURIADÔ – Bebida
CURIAR – Comer, beber
CURIMBA – Ponto Cantado
DEFUMAÇÃO – Queima de ervas
DÓBURU – Pipoca
DOUM – Gêmeo de Cosme e Damião
DUMBA – Mulher
DUNGA – Mãe
EBÓ – Oferendas
ECÓ – Água com mel ou azeite de dendê ou perfume ou cinza ou sangue etc.
EFUM – Pemba
EGUM – Espírito desencarnado
ELEMENTAIS – Espíritos não humanos
ENCANTADOS – Entidades
ENCARNAR – Vir de novo
EPÔ – Óleo de dendê
ESPUMA BRANCA – Cerveja

FALANGE – Linha, Multidões de espíritos
FEITURA – Iniciação
FILHO DE FÉ – Adeptos a Umbanda
FIRMA – Fecho de Guia
FIRMEZA – Segurança nos Rituais
FIO DE CONTAS – O mesmo que guias
FUNDANGA – Pólvora
GAFANHOTO – Criança
GIRA OU ENGIRA – Sessão de Umbanda
GIRAR – Dançar, Rodar
HOMEM DA RUA – Exu
IBEJI, ERÊS – Crianças
INCORPORAR – Possessão mediúnica
JANAÍNA – Outro nome de Iemanjá
JUREMÁ – Cidade Astral
LAROIÊ – Saudação a Exu
MACAIA – Mata
MACUMBA – Instrumento musical
MÃE D'ÁGUA – Iemanjá
MAIORAL – Líder, chefe
MANO – Irmão
MARACÁ – chocalho
MARMOTAGEM – Trabalho enganoso
MAROLA – Água
MATANÇA – Sacrifício de animais
MAU OLHADO – Quebranto
MENGA – Sangue
MIRIM – Pequeno
MUCAMBA – Mulher
MUCAMBO – Homem
MULECA – Menina
MUTINGA – Cabeça
NAÇÃO – Tribo Africana
OCA – Casa
OFERENDA – Agrado, Presente
OGÃ – Pessoa que toca atabaque
OLHO-DE-BOI – Semente de Tucumã
ORI – Cabeça
ORIXÁ – Divindades
PADÊ – Despachar o Exu
PAGÉ – Curandeiro
PAXORÔ – Cetro de Oxalá
PEDRA DE RAIO – Pedra de xangô
PEMBA – Giz branco
PERNA DE CALÇA – Homem, Marido

PIPOCA – Comida de várias entidades
PITO – Cachimbo
PLANTAÇÃO – Assentamento
PONTO CANTADO – Cântico entoado
PONTO RISCADO – Desenho feito com pemba
PORTEIRA – Entrada do terreiro
POVO DE RUA – Exus e Pombas-Giras
PRECEITO – Ritual de obrigação
QUIMBANDA – Linha de esquerda
QUIMBANDEIRO – Feiticeiro
QUIUMBA – Espírito obsessor
QUIZILA – Repugnância
RABO DE SAIA – Mulher
SALVE – Cumprimento
SAPÊ – Capim longo
SARAVÁ – Cumprimento
SUCÊ OU SUNCÊ – Você, Tu
TABAQUEIRO – Pessoa que toca atabaque
TARIMBA – Experiência
TOCO – Banco
TUIA – Pólvora
TUPI – Língua dos índios tupinambás
TUPI-GUARANI – Idioma dos índios brasileiros
TUPINAMBÁS – Nação de índios
TURÍBULO – Defumador
XAVANTE – Tribo de índios
XIRÊ – Dança
ZI-FIA – Mulher
ZI-FIO – Homem

Outras publicações

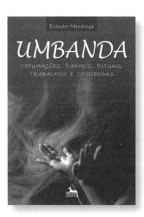

UMBANDA – DEFUMAÇÕES, BANHOS, RITUAIS, TRABALHOS E OFERENDAS

Evandro Mendonça

Rica em detalhes, a obra oferece ao leitor as minúcias da prática dos rituais, dos trabalhos e das oferendas que podem mudar definitivamente a vida de cada um de nós. Oferece também os segredos da defumação assim como os da prática de banhos. Uma obra fundamental para o umbandista e para qualquer leitor que se interesse pelo universo do sagrado. Um livro necessário e essencialmente sério, escrito com fé, amor e dedicação.

PRETO-VELHO E SEUS ENCANTOS

Evandro Mendonça inspirado pelo Africano São Cipriano

Os Pretos-Velhos têm origens africana, ou seja: nos negros escravos contrabandeados para o Brasil, que são hoje espíritos que compõe as linhas Africanas e linhas das Almas na Umbanda.

São almas desencarnadas de negros que foram trazidos para o Brasil como escravos, e batizados na igreja católica com um nome brasileiro. Hoje incorporam nos seus médiuns com a intenção de ajudar as almas das pessoas ainda encarnadas na terra.

A obra aqui apresentada oferece ao leitor preces, benzimentos e simpatias que oferecidas aos Pretos-Velhos sempre darão um resultado positivo e satisfatório.

ISBN: 978-85-86453-22-9
Formato: 16 x 23 cm – 208 páginas
Papel: off set 75 grs

ISBN: 978-85-86453-26-7
Formato: 16 x 23 – 176 páginas
Papel: off set 75 grs

Outras publicações

EXU E SEUS ASSENTAMENTOS

Evandro Mendonça inspirado pelo Senhor Exu Marabo

Todos nós temos o nosso Exu individual. É ele quem executa as tarefas do nosso Orixá, abrindo e fechando tudo. É uma energia vital que não morre nunca, e ao ser potencializado aqui na Terra com Assentamentos (ponto de força), passa a dirigir todos os caminhos de cada um de nós, procurando sempre destrancar e abrir o que estive fechado ou trancado.

ISBN: 978-85-86453-23-6
Formato: 16 x 23 – 176 páginas
Papel: off set 75 grs

POMBA-GIRA E SEUS ASSENTAMENTOS

Evandro Mendonça inspirado pela Senhora Pomba-Gira Maria Padilha

Pomba-Gira é uma energia poderosa e fortíssima. Atua em tudo e em todos, dia e noite. E as suas sete ponteiras colocadas no Assentamento com as pontas para cima representam os sete caminhos da mulher. Juntas às outras ferramentas, ervas, sangue, se potencializam tornando os caminhos mais seguros de êxitos. Hoje é uma das entidades mais cultuadas dentro da religião de Umbanda. Vive na Terra, no meio das mulheres. Tanto que os pedidos e as oferendas das mulheres direcionadas à Pomba-Gira têm um retorno muito rápido, na maioria das vezes com sucesso absoluto.

ISBN: 978-85-86453-24-3
Formato: 16 x 23 – 176 páginas
Papel: off set 75 grs

EXU, POMBA-GIRA E SEUS AXÉS

Evandro Mendonça inspirado pelo Sr. Exu Marabô e pela Sra. Pomba-Gira Maria Padilha

A obra apresenta as liberações dos axés de Exus e de Pombas-Giras de modo surpreendente, condensado e extremamente útil. É um trabalho direcionado a qualquer pessoa que se interesse pelo universo apresentado, no entanto, é de extrema importância àquelas pessoas que tenham interesse em evoluir em suas residências, em seus terreiros, nas suas vidas.

E o que são esses axés? "Axé" é força, luz, poder espiritual, (tudo o que está relacionado com a sagrada religião), objetos, pontos cantados e riscados, limpezas espirituais etc. São os poderes ligados às Entidades.

ISBN: 978-85-86453-27-4
Formato: 14 x 21 – 192 páginas
Papel: off set 75 grs

A MAGIA DE SÃO COSME E SÃO DAMIÃO

Evandro Mendonça

Algumas lendas, histórias e relatos contam que São Cosme e São Damião passavam dias e noites dedicados a cura tanto de pessoas como animais sem nada cobrar, por esse motivo foram sincretizados como "santos dos pobres" e também considerados padroeiros dos médicos.

Não esquecendo também seu irmão mais novo chamado Doúm, que junto fez parte de todas as suas trajetórias.

A obra oferece ao leitor algumas preces, simpatias, crenças, banhos e muitas outras curiosidades de São Cosme e São Damião.

ISBN: 978-85-86453-25-0
Formato: 14 x 21 cm – 136 páginas
Papel: off set 75 grs

Outras publicações

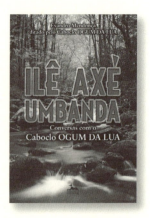

CIGANOS – MAGIAS DO PASSADO DE VOLTA AO PRESENTE

Evandro Mendonça

Na Magia, como em todo preceito espiritual e ritual cigano, para que cada um de nós tenha um bom êxito e consiga o que deseja, é fundamental que tenhamos fé, confiança e convicção. E, naturalmente, confiança nas forças que o executam. Para isso é fundamental que acreditemos nas possibilidades das coisas que queremos executar.

ISBN: 978-85-86453-21-2
Formato: 16 x 23 – 176 páginas
Papel: off set 75 grs

ILÊ AXÉ UMBANDA

Evandro Mendonça ditado pelo Caboclo Ogum da Lua

Filhos de Umbanda e meus irmãos em espíritos, como o tempo e o espaço são curtos, vou tentar resumir um pouco de cada assunto dos vários que eu gostaria muito de falar, independentemente da religião de cada um. Não são palavras bonitas e talvez nem bem colocadas na ordem certa desta descrita, mas são palavras verdadeiras, que esse humilde Caboclo, portador de muita luz, gostaria de deixar para todos vocês, que estão nesse plano em busca da perfeição do espírito, refletirem.

ISBN: 978-85-86453-30-4
Formato: 16 x 23 – 136 páginas
Papel: off set 75 grs

ALGUÉM TE ESPERA

Romance espírita de Sandra Marcondes

No ínicio, somente escuridão. Eu não enxergava nada. De repente percebi a luz no fim do túnel, vi e senti no fundo do meu coração a presença do Amado Mestre Jesus.

Estava meio acordada, meio adormecida, e me vi nos braços de minha mãe como nos tempos de minha infância. Deixei-me ficar naquele colo, que tanto amei por várias vidas. E foi ai que me dei conta! Eu já não vivia mais no plano terreno dos encarnados. E minhas filhas, filhos, netas e netos? Como ficariam sem minha presença?

É aqui que começa a história. Vou mostrar as maravilhas e os desafios da minha vida por aqui, no Plano Espiritual.

ISBN: 978-85-86453-29-8
Formato: 14 x 21 – 144 páginas
Papel: off set 75 grs

O QUARTO COPO – *O Segredo de uma vida saudável*

Dr. J. Luiz Amuratti

A partir da última frase deste livro você não poderá mais dizer: "Eu não sei". E então você viverá atrás de uma parede chamada Responsabilidade. Responsabilidade em ajudar as pessoas a descobrirem o que você já descobriu para você: "Qualidade de Vida é Ter em Você a capacidade de controlar a sua Saúde, a sua energia, Prolongando o sabor de viver num planeta tão maravilhoso chamado Planeta Terra!" Mas existe um impulso dentro de você, que não o deixa sossegado. Sabe como eu tenho essa certeza? Porque você está lendo este livro. E isso significa que interiormente você já comprou a idéia de ser um Agente de Mudanças na vida das pessoas. E de mudanças para o Melhor!

ISBN: 978-85-86453-28-1
Formato: 14 x 21 – 120 páginas
Papel: off set 75 grs

Dúvidas, sugestões e esclarecimentos
E-mail: evandrorosul@bol.com.br

Distribuição exclusiva

www.aquarolibooks.com.br